中学校
新学習指導要領

音楽の授業づくり

加藤　徹也・山﨑　正彦
Kato　　Tetsuya　　Yamazaki　　Masahiko

明治図書

まえがき

　本書は平成29年に告示された学習指導要領に基づき，中学校音楽科の授業実践を行う際の手がかりとなる基本的な考え方やアイデアを示したものです。

　新学習指導要領について，音楽教育に携わっている先生方との会話の中で，「量は増えたけど，中身（本質的な部分）はそれほど変わっていないのでは」という感想をよく耳にします。従前は指導する立場から指導する内容が示されていましたが，今回の改訂では生徒の視点に立って育成を目指す資質・能力が示されており，丁寧な説明を施した結果として分量の増加に至ったと考えられます。これにより私たちは発想の転換が求められています。

　指導事項の示し方について，例えば1年生の歌唱の指導事項アは「歌詞の内容や曲想を感じ取り，表現を工夫して歌うこと。」と従前は示されていました。この中で「歌詞の内容や曲想」は感じ取る対象，「表現を工夫して」は「思考・判断」に関すること，「歌うこと」は「表現」にあたり，指導内容が一体化して示されていました。一方，新学習指導要領では，「思考力，判断力，表現力等」，「知識」，「技能」に関することが，それぞれ明確に示されています。

　学習指導要領の改訂の趣旨や内容について，「学習指導要領解説」などによってすでに理解されていることと思います。授業のさらなる改善に向けて日頃より弛まず努力をされている方が多いのではないでしょうか。公的な立場によって書かれた解説書は学習指導要領を正しく理解するうえで大切なものですが，その内容をそのまま授業実践に移せるものではありません。具現化に向けて，自分自身で深く探究をしていく必要があります。本書はその際の手がかりとなるヒントを示しています。

　第1章では，キーワードを手掛かりにして学習指導要領を理解する内容となっています。

　第2章では，学習指導要領の実現に向けた授業づくりの工夫や仕掛けを紹

介しています。

　第3章では，題材の形で，音楽の授業のアイデアを提示しています。

　いうなれば，学習指導要領と授業実践の橋渡しをするもので，著者の考えを反映させたものとなっています。2人はともに教職課程の「音楽科指導法」の講座を受け持っており，日頃より「授業論」を語り合っています。得意とする領域・分野や「こだわり」など，異なる点はありますが，「音や音楽から実感する」ということを大切にしている点で共通の認識を持っています。音楽室が音に満ち，生徒が目を輝かせるような授業が数多く実現することを願ってやみません。

　なお，本書が発行される時点では，学習評価に関する規準などが公表されていません。学習指導要領との関連から，評価方法が3観点に整理して示されることが想定されます。本書の第3章の事例では，3観点による評価規準を試行的に示していますが，今後は最新の情報に基づいてご判断ください。

2018年6月

　　　　　　　　　　　　　　　　　　　　　　　　　　加藤　徹也
　　　　　　　　　　　　　　　　　　　　　　　　　　山﨑　正彦

目次

まえがき

第1章
キーワードでわかる
音楽科の新学習指導要領

❶音楽的な見方・考え方 …………………………………………………008
❷音楽科における主体的な学び …………………………………………010
❸音楽科における対話的な学び …………………………………………012
❹知識 ………………………………………………………………………014
❺技能 ………………………………………………………………………016
❻思考力，判断力，表現力等 ……………………………………………018
❼学びに向かう力，人間性等 ……………………………………………020
❽資質・能力の三つの柱と評価 …………………………………………022
❾カリキュラム・マネジメント …………………………………………024
❿〔共通事項〕の取扱い方 ………………………………………………026
⓫言語活動の位置付け ……………………………………………………028
⓬障害のある生徒への指導 ………………………………………………030
⓭伝統や文化に関する教育 ………………………………………………032
⓮ICT機器の活用 …………………………………………………………034
⓯学校外での音楽活動 ……………………………………………………036
⓰知識や技能の習得，習熟，定着のためのフォロー …………………038
⓱創意工夫と表現を結び付ける指導 ……………………………………040

第2章 新学習指導要領を実現する授業づくりの手法と仕掛け

〈知識及び技能〉

- ❶「思いを込めた表現」の実現　　　　　　　「大地讃頌」……………………044
- ❷音に始まり音に終わる知識の習得　　　　「ヴァイオリン協奏曲第1楽章」…048
- ❸図解や言葉での説明に頼らない指導　　　「交響曲第5番」………………052
- ❹音楽の特質に迫るための手立て　　　　　「フーガ ト短調」……………056
- ❺楽曲の背景を伝えるタイミング　　　　　「アランフェス協奏曲」「ブルタバ」…060
- ❻授業の導入の工夫　　　　　　　　　　　「歌舞伎入門」………………064
- ❼伝統音楽の指導における映像の効果的な活用　能「羽衣」……………………068

〈思考力，判断力，表現力等〉

- ❶歌詞の意味に即した表現の創意工夫　　　「夏の思い出」……………072
- ❷実感を伴った表現力の育成　　　　　　　「浜辺の歌」………………076
- ❸有節歌曲における表現力の引き出し方　　「荒城の月」………………080
- ❹思考し判断する機会をつくる教師の発問①　「アッピア街道の松」……084
- ❺思考し判断する機会をつくる教師の発問②　「魔王」……………………088

第3章
主体的・対話的で深い学びのある音楽授業アイデア

❶情景を思い浮かべながら，思いを込めて歌おう ………………………… 094
　　第1学年　歌唱「夏の思い出」
❷輪奏でクラスの和を広げよう ……………………………………………… 100
　　第1学年　器楽「Dona nobis pacem」
❸音楽の表す情景の移り変わりを感じ取ろう ……………………………… 108
　　第1学年　鑑賞「四季」より「春」
❹歌詞の内容や曲の背景を理解して，思いを込めて歌おう ……………… 116
　　第2学年　歌唱「花の街」
❺ギターの基本的な奏法を身に付け，ギターに親しもう ………………… 122
　　第2・3学年　器楽「禁じられた遊び」
❻モティーフを重ねたり組み合わせたりして，リズムアンサンブルを作ろう … 130
　　第2学年　創作
❼音楽の表す様子・場面・情景を感じ取ろう ……………………………… 138
　　第2学年　鑑賞「ブルタバ」
❽歌詞が表す情景を思い浮かべながら，表現を工夫して合唱しよう …… 146
　　第3学年　歌唱「花」
❾コードの流れに合わせてメロディーを作ろう …………………………… 152
　　第3学年　創作
❿能の特徴を理解してそのよさを感じ取ろう ……………………………… 160
　　第3学年　鑑賞　能「羽衣」

第1章

キーワードでわかる
音楽科の新学習指導要領

音楽的な見方・考え方

1 教師の役割は子どもたちのアンテナの感度を上げること

　音楽的な見方・考え方について「<u>音楽に対する感性を働かせ，音や音楽を，音楽を形づくっている要素とその働きの視点で捉え</u>，捉えたことと，自己のイメージや感情，生活や社会，伝統や文化などとを関連付けること」と平成29年告示学習指導要領に解説されています。
　下線部は音楽学習における基本であり，音そのもの，音楽そのものが大切であることを示しています。しかも，それに反応できる感性が不可欠であることがわかります。この感性についても「『音楽に対する感性』とは，<u>音や音楽のよさや美しさなどの質的な世界を価値あるものとして感じ取るときの心の働きを意味している。</u>」と解説されていますが，この下線部については注意が必要です。
　音楽を趣味にしている生徒は多いかもしれませんが，とはいえ，述べられている音楽のよさや美しさに彼らが迫ることは別次元のことです。つまり，これを具体化していくのが音楽科教育であり，それを担う教師ということになります。
　音楽鑑賞指導による具体例を挙げます。生徒には，計画的に様々な音楽に触れさせることが大切です。教科書の後半に音楽史のページがあり，楽曲が歴史時系列に沿って並べられています。それらは名曲として世の中に知られているものばかりですので，その鑑賞を頻繁に取り入れることを勧めます。必ずしも題材として扱う必要はなく，各曲の一部分でもよいので教師が「ここだ！」あるいは「ここまで」と判断した部分を鑑賞するのでよいわけです。

歌唱を授業冒頭の常時活動とするのを見かけますが，その歌唱と鑑賞とを交互に設定することで実現可能です。

とはいえ，「ただ聴いて」「ともかく聴いて」では学習になりません。音楽的な見方・考え方の醸成の一歩一歩なわけですから，その都度，取り上げた楽曲の特徴や，その曲想をもたらしている諸要素に焦点をあてながら，生徒が音楽の多様性を感じ取り，または理解することを繰り返します。その経験のなかで，流れる音や音楽に反応する彼らのセンサーをより敏感にしていくわけです。彼らはすでに音楽を聴くことも趣味にしているのですから，教師は，その音楽を聴く際の感度を上げること，今は限られた方向に定まっているかもしれない彼らのアンテナをぐるりと回転できるように再調整し，様々な音楽に向き合う環境を整えればよいのだと思います。

2 技能は衰えても感性は一生モノ

平成29年告示学習指導要領解説には以下のように記されています。

「（前略）音楽的な見方・考え方は，音楽的な見方・考え方を働かせた音楽科の学習を積み重ねることによって広がったり深まったりするなどし，その後の人生においても生きて働くものとなる。」

着目すべきは，やはり下線部です。音楽学習の達成目標は「生活を明るく豊かにすること」と学校教育法に記されています。その意味で，「その後の人生に生きて働く」ということは重要な視点です。学校で音楽を学ぶことがなくなってもなお，衰えることのない資質・能力が，この音楽的な見方・考え方です。残念ながら技能は衰えてしまうのに比して，日々の学習の積み重ねによって刺激されて働き始めた感性は年齢を重ねても，その鋭敏さは保たれ，生き方の質に寄与するものと思います。

音楽科における主体的な学び

1 趣味の音楽と学びの音楽は別？

　「主体的・対話的で深い学び」は，平成29年告示学習指導要領における「改訂の基本方針」に挙げられています。このうちの「主体的」について，音楽科では解決しておかねばならないことがあります。

　音楽を聴く，カラオケに親しむ（歌う），あるいは何かの折に思わず歌を口ずさむなど，多くの人が音楽を好み，趣味にも含めています。子どもたちも例外ではありません。一方で，数学の数式を解くことを趣味にしている生徒は，比較的珍しいといえます。電車やバスに乗ったときに目にするのはイヤフォン，ヘッドフォンで音楽を聴く人であり，数式を解いている人は試験勉強に勤しんでいると思しき，ごく一部の生徒のみです。

　このように多くの人が音楽を趣味にしていることは音楽科教育にとり有り難いことのようですが，課題ももたらします。生徒が自らの趣味の延長線上で学校の音楽をとらえたとき，音楽科授業で歌う歌，鑑賞する音楽が自らの好みに合わないという状況をまねくことがあるからです。そしてそれは当然のことと言えるでしょう。

　彼らがそのような思いをそのまま授業に持ち込むと音楽科授業が進めづらくなるのも当然です。そこで音楽科では生徒の意識づけがまず必要になります。音楽科で歌を歌うのは，それにより学ぶことがあるからであり，同様に，音楽を聴いて学ぶことがあるということを生徒に伝えなくてはなりません。

　ですから，極端な表現ですが，「嫌いであろうとも，この歌を歌う。この音楽を聴く。そのかわり，あなたたちはその音楽の表現を通して，鑑賞を通

して学ぶことがある。この教室に入ってきたときのあなたたちと，授業を終えて教室から出ていくときのあなたたちは違う」というようなことを教師は生徒に伝える必要があります。

「学びの音楽」を生徒が意識し，何かを学ぶために歌う，聴くということを理解したとき，授業におけるすべての活動が意味づけられます。教師も授業を進めやすくなります。当然，発問の工夫等，生徒を動機づける工夫は不可欠です。

2 「できた！」の実感を味わわせよう

ところで，学びの音楽といっても生徒が趣味としている音楽と切り離されることを意味しているのではありません。生徒が好んで聴いている音楽，口ずさんでいる音楽と教科書に掲載されている音楽は異質なものではなく，音色・リズム・旋律等の音楽の諸要素でその曲想等がもたらされているという意味では全く同じです。ということは，音楽の授業で学んだことが生徒の音楽趣味の助けとなる，または表現技能の向上に寄与することも起こりえます。

音楽科における主体的な学びについては，生徒の意識を学びに向けることが，まず必要になります。生徒が最初から学ぶ対象ととらえている数学や国語と大きく違います。

学びとしての音楽では，その都度，ゴールが示されます。これは生徒にとってもわかりやすい学びの証でもあります。彼らは「それまで聴き取れなかった音が聴き取れた」「音楽の雰囲気が感じ取れた」「それまでできなかったことができた」「それまで知らなかったことがわかった」など，教師の計画に基づく音楽経験を実感していくことができます。その音楽経験の連鎖により「この次は何を聴き取るのだろう」「何ができるようになるのだろう」というような思いを生徒がもってくれたなら，それが主体的な学びが具現化された姿でもあると思いますし，「今日聴いた音楽の続きを来週聴きますか？」というような生徒のひと言を聞きたいものです。

音楽科における対話的な学び

1 書くことが目的になっていたらNG

　対話的な学びと聞くと，すぐに言語活動が思い浮かびます。音楽科の場合の言語活動は，例えば，鑑賞の学習を通して知覚し感受した音楽の特徴・特質や雰囲気，自分なりにその音楽のよさや美しさなどを他者に向けて表出するための，ひとつの方法という位置付けでした。つまり，言語活動は指導の目的にはならないということです。

　この言語活動では陥りやすい方向性があります。例えば，書くことが目的ではないとわきまえていても，注意が必要です。当の生徒が，言葉も思い浮かばないのに「書かねば！」という思いになり，何とか文字を綴ろうとしたらどうでしょう。指導の進め方によっては，いつでも起こりうることです。

　ということは，何かが綴られていても，書かれたことが聴いたその音楽にねざしたものなのかどうかを問わねばなりません。それは同時に，生徒は十分に音や音楽に触れていたのか？を問うことでもあります。仮に，十分に音楽を聴いていないのにその音楽について何か言葉を綴っているのなら，「そこに書かれているものは何なのか？」ということですし，鑑賞した音楽の特徴や，それによる曲想を反映しているものとは言い切れないということです。音楽鑑賞指導における言語活動の場合にそれは望ましくありません。

2 「このことを伝えたい！」という思いなのか

　音楽科における対話的な学びのひとつの方法でもある言語活動では，十分

に音や音楽に触れ，生徒がその音楽から何かを想起できる環境を整えることへの配慮と，先に述べたように書くことが目的となっていないかへの注意が必要です。生徒が，聴いたその音楽の雰囲気やよさに根ざし，生徒が「この音楽から感じ取ったことを自分の言葉にして，誰かに伝えたい」というような思いになる指導を心がけることが対話的な学びの第一歩ではないでしょうか。

　それが叶った場合，聴いたその音楽についてのお互いの感じ取り方や価値判断を音や音楽に根ざして交換ができます。学習指導要領解説に以下の一節があります。

　「鑑賞の指導においては，音楽を自分なりに評価しながら，そのよさや美しさを味わって聴く力を育てることが大切であり，言葉で説明したり，批評したりする活動はそのための手段であることに留意する必要がある。したがって，生徒一人一人が音楽を自分なりに評価する活動と，評価した内容を他者に言葉で説明したり，他者と共に批評したりする活動を取り入れることによって，鑑賞の学習の充実を図ることができるよう配慮することが求められる。」

　自らの言葉を表して他者とそれを共有したり，他者の言葉に触れ，それが音楽のどの部分を聴いて浮かんだ言葉であるのかを焦点として批評し合うなどの活動の意味づけです。

　その活動過程で，音楽をもう一度聴き，鳴り響く音楽から想起した他者や自らの言葉を皆で共有し，聴いた音楽を言葉で表すことの意味，例えば，美しいものの美しさを語る素晴らしさを実感することが可能になります。また，音楽のよさや美しさなどを表す他者の言葉に触れ，それを実際の曲想に即して実感することも音楽語彙の獲得という意味で意義があります。

　このように，感じ取ったことや自らの価値づけについて音楽とともに確かめ合うことも音楽科における対話的な学びと言えます。むしろ，これこそが音楽科ならではの対話的な学びなのではないでしょうか。

知識

1 生徒の注意をひきつけるための発問

　音楽科における知識の習得について平成29年告示学習指導要領（鑑賞領域）解説に以下のように記されています。

　「新たな知識の習得は，音楽のよさや美しさを味わって聴く過程で行われるものであることから，知識を習得してから音楽のよさや美しさを味わって聴くといったような一方向的な授業にはならないよう留意する必要がある。」

　述べられていることは難しいことではありません。それはむしろ音楽学習の本質です。ただし，実際の指導では教師の発問に留意する必要があります。

　楽器の音色に焦点を当てた鑑賞の学習を例に挙げます。その構成と発問を考えてみたいと思います。ねらいは「弦楽器の奏法を知覚する」です。

　弦楽器の奏法というと，アルコ奏法とピッツィカート奏法が思い浮かびます。何はともあれ，音楽を聴くことから学習が始まります。基本中の基本です。

　鑑賞前の発問は予め考え抜いたもので「これから聴くのは弦楽器だけで演奏している曲です。弾き方に注意して聴きましょう」とします。

　演奏しているのは弦楽器だけと明確に告げているのは，生徒が聴き取るのは弦楽器の音色であり，その弾き方（音色）のみに注意を向ければよいようにしているわけです。言い方を変えれば，生徒の注意をひきつけるための発問です。発問を受けて，アルコ奏法による楽曲の冒頭部分を聴きます（例えば，「弦楽セレナーデ」（チャイコフスキー））。

　「どのように弾いているか聴いてわかりましたか？」

これが聴き終えた後の発問になります。聴こえてきた音色からその奏法について生徒と共有します。繰り返し聴くことには知覚している要素の確認と，より楽曲に親しむという意味があります。
　続いて「別の曲を聴きます。同じように弦楽器だけで演奏している曲です。やはり弾き方に注意して聴きましょう」としてピッツィカート奏法の楽曲を聴きます（例えば「交響曲第４番第３楽章」の冒頭部分（チャイコフスキー））。
　２曲目を聴き終えた後に「２曲は同じ弾き方でしたか？」と発問します。
　「違います」という生徒の発言が圧倒的だと思いますので，「どのように違うのでしょうか？　次は聴きながら弾いている様子を想像してみましょう」として２曲を続けて聴きます。必要に応じて，繰り返し聴きます。
　このようにして弦楽器に２つの奏法があることを生徒は理解，あるいは復習をします。弦楽器の奏法という知識の習得，定着です。それぞれの楽曲を数回は聴いていますので，それぞれの楽曲の曲想を感じ取ることも可能です。

2　実感から習得すると知識の価値が際立つ

　最初に２つの奏法について，先生が知識を授けてから聴く方法もありますが，生徒の聴き方が全く異なってしまいます。「どのような弾き方なのか？」という，弦楽器の奏法そのものに耳を傾けて聴く必要がまったくないからです。
　そうなると弾き方は勿論，実際に聴こえてきた音に対して，例えば，ピッツィカートの音色について「どのように音を出しているのだろう？」というような生徒の思いは期待できません。「なんだろう？」「そうか！」のような過程を経て自らが辿り着く知識，しかも，歴史に残る名曲を聴いて実感した知識は，その音や音楽が彼らの耳や意識に，そして感情に残り続ける限り，それらとともに記憶に刻み込まれているものだと思います。
　学習内容の多くは頑張って覚えても忘れてしまうことの方が多いものです。そのことを考えると，音楽学習において，音や音楽の実感から習得することが可能な知識の価値が際立ってきます。

技能

1 技能は創意工夫とセットで

　平成29年告示学習指導要領解説において，音楽科は「生活や社会の中の音や音楽，音楽文化と豊かに関わる資質・能力」を音楽科教育で育成する資質・能力と規定しました。その充足に向けて「知識及び技能」「思考力，判断力，表現力等」「学びに向かう力，人間性等」の3点が示されています。
　このうちの「技能」についての留意事項を確認しておきたいと思います。例えば，これを学力として評価する場合，学習のある段階で教師が評価を実施し，設定した基準に照らし合わせて，例えば，「十分に達成」「ある程度達成」「未達成」というように評価されます。
　技能の評価の場合に特に留意しなければならないのは，仮にそのうちの「達成」という評価結果であっても，次の瞬間，「先ほどはできていたことができない！」というようなことが，意外にもよくあるということです。つまりは，「身についている」と教師に判断された技能が身についているとまではいえなかったということです。この技能について，学習指導要領の指導事項（A表現・歌唱）が次のように掲げられています。

ウ　次の（ア）及び（イ）の技能を身に付けること。
（ア）創意工夫を生かした表現で歌うために必要な発声，言葉の発音，身体の使い方などの技能
（イ）創意工夫を生かし，全体の響きや各声部の声などを聴きながら他者と合わせて歌う技能

思考力，判断力，表現力等などの他の指導事項との関連から，創意工夫を生かすことと一体となった技能となっています。

2 「できた」「できない」だけでは済まされない「見取り力」

　これを具現化するには，日々の授業の積み重ねが重要になります。例えば，ある楽曲を教材として読譜を経た後，生徒には歌うごとに湧き出る思いが生じたとします。表現の工夫へのヒントが思い浮かぶこともあるでしょう。そのような生徒の思いはそれまでに彼らのうちに育まれている感性が働くことによるものです。また，それまでに獲得した技能の自覚があればこそ想起できるものともいえます。したがって，それまでの音楽学習で獲得している創意工夫や技能面での学力が，また新たなる創意工夫や技能を引き出しているともいえます。

　音楽科における技能ですが，それが創意工夫とともにあるということは，思いのつまる表現を可能にする学力ともいえます。そうなると，その評価はどうでしょう。単に「できている」「できていない」という次元を超えた生徒の精神的な行為の見取りともいえます。それを見取ろうとするとき，思いや意図とそれを具現化する技能とが一体となった音楽表現とはいかなるものなのかについて，教師は，教材と生徒の実情に十分に向き合いながら見通し（具体的な評価規準）をもっておくことが不可欠です。

　加えて，技能（創意工夫を生かした）の評価場面においては，音楽という時間芸術の瞬間，また瞬間に「できた」「できない」を測ることの危うさ，難しさ，限界についても教師は十分にわきまえておく必要があります。「その日，そのときにできた・できない」ではなく，一定の期間を設けて，その定着度，安定度を見取ることが必要なのであり，それこそが「技能が身についている」ことを見取るということになるのではないでしょうか。

思考力,判断力,表現力等

1 「思考力,判断力,表現力等」なくして「知識及び技能」はない

　平成29年告示学習指導要領解説の各学年の目標の趣旨では「知識及び技能」「思考力,判断力,表現力等」「学びに向かう力,人間性等」の順に解説が続きます。ところが,後に続く,表現・鑑賞領域のそれぞれの指導事項では「思考力,判断力,表現力等」がアとして示され,「知識」がイ「技能」がウ（鑑賞領域はなし）となります。この入れ替えには注意が必要です。音楽学習における実際の指導,とりわけ,その指導の構成については思考力,判断力,表現力等の資質・能力の育成なくして,知識も技能もないのだと明示されているようなものではないでしょうか。先の目標において思考力,判断力,表現力等については以下の通り示されています。

第1学年
(2)　音楽表現を創意工夫することや,音楽を自分なりに評価しながらよさや美しさを<u>味わって</u>聴くことができるようにする。
第2学年及び第3学年
(2)　曲にふさわしい音楽表現を創意工夫することや,音楽を評価しながらよさや美しさを<u>味わって</u>聴くことができるようにする。

　表現における創意工夫,鑑賞での味わいが重要な位置づけであることがわかります。そのうちの下線部「評価しながら」以降は鑑賞指導にあたりますが,「味わって」という語に迷いをもつことが少なくないようです。しかし,

その必要はなく，学習指導要領には「主体的な行為として音楽を聴いている状態」と記されています。例えば，生徒の批評文に，聴いたその音楽に対する自らの価値判断に当たる語（例えば「好き（嫌い）」，「凄いと思った」など）が綴られていて，その思いに至った理由として要素や要素同士の関連を知覚した際の心情が，まさに感受したこととして挙げられていることが，その批評文全体から確認できる<u>その音楽を自ら評価しながら味わっている</u>ということになります。

2 「味わっている」は実感がともなってこそ

　ただし，ここにこそ注意が必要です。これはあくまでも生徒の文章を基に，味わっていると見なしているのであり，文章のチェックをもって完結したような印象を特に教師がもつことは避けるべきです。批評文などに，味わっていることを表す文言を生徒が記していればそれでよいわけではないからです。

　本来は，批評文の後の学習も大切なのであり，思考力，判断力，表現力等の目標として挙げられている「評価しながら音楽のよさや美しさを味わっている」の「評価しながら」という行為が，聴いたその音楽からの実感による評価であるのかについては，可能な限り検証する必要があります。ただし，これは，一度，生徒からの言葉（文章）が表されないと進めない段階です。

　ひとつの方法として，「音楽のどの部分を聴いて，批評文に書いてあることを感じ取ったのか」などについて，もう一度，音楽を聴くことを通して，それを書いた当人に確かめてみることを勧めます。全員は無理です。教師が，この批評文をきっかけとして皆の聴き方を深めることができると確信した場合でよいと思います。

　このように，音楽学習での思考力，判断力，表現力等（この場合は鑑賞）の資質・能力とは，行き戻りつを繰り返しながらの経験を通して培えるものだと考えます。

学びに向かう力, 人間性等

1 音楽科授業での学びが生徒の人生の質に関わる

　平成29年告示学習指導要領解説に「どのように社会・世界と関わり, よりよい人生を送るか（学びを人生や社会に生かそうとする『学びに向かう力, 人間性等』の涵養）」と記されている箇所があります。これは「生きる力」をより具体化するための資質・能力のうちのひとつとされており, 音楽科教育にとっても非常に重要な一文です。

　音楽科教育は多くの場合, 中学３年生でその組織的・系統的な学習を終えます。生徒が生きて行くその後の圧倒的に長い人生を考えるとき, 彼らはその人生をどのように生き抜くのか, 彼らの人生に音楽科教育で学んだことがどのように生きるのかということが問われてくることになります。端的に言って, 彼らが音楽科教育を受けた場合と, そうでない場合とでどのように人生の質が変わるかという問いに結果を示さなければなりません。

　では, どのような結果を示すのか。そのことには, すでに答えがあります。学校教育法第21条には音楽科教育の達成目標が「生活を明るく豊かにする」と明記されています。約10年ごとに内容が変更される学習指導要領とは異なり, 今後も長きにわたって掲げられる目標となります。これからも音楽科では, 生徒の生活を明るく豊かにすることを実現し続けなければなりません。

　音楽学力が身につく過程では音楽室に音楽が鳴り響いていたはずです。音楽を聴いての諸要素の知覚であれば勿論ですが, 「知識及び技能」であっても, それを獲得していく過程において, 教室には音や音楽が満たされていることになります。

ここが大切なポイントではないでしょうか。本質的に，誰もが不快と思わないものが音楽です。むしろ多くの人が，おそらく，ほとんどの人が音楽を趣味に含めています。人々に愛される音楽ということは，音楽科授業において，音楽を表現し，聴くことで生徒が不愉快になることは基本的にはないということです。

　ただし，教材として挙げた音楽が生徒にとり自分の好みではないことはあるでしょう。このことについては「学校の音楽科は趣味の一環としての授業ではなく，学ぶための音楽を扱い，あなたたちはそれにより音楽の学力を身に付ける」というように，音楽について学んで，力を培うことの意味を生徒に伝えれば済みます。

2　学習内容は忘れても，心に刻まれた音楽は生涯生き続ける

　一方で，音楽室に流れる音楽に彼らが心惹かれたことがあったり，心動かされるようなことがあれば，それは音楽学習であったとともに生徒個々の現在，そして，未来の人生に意味をなす音楽体験であったと言えます。

　音楽は自然と人の心に入り込み，心のうちに刻み込まれるものです。徹夜して覚えても忘れることの学習内容が多いことに反して「忘れなさい」と誰かに命じられても，決して忘れることができないのが，心に刻み込まれる音楽です。その人がその感情をもってよいと感じたものは，どんなことをもってしても打ち消すことができません。

　人がその生涯を生き抜くとき，小中学校の9年間に音楽室に流れた様々な音楽がそれぞれを慰め，癒し，勇気づけることがあるのならそれは素晴らしいことです。さらには，彼らが人生で新たな音楽に出合うとき，音楽学習での実りが生きて，音楽とのより良き出合いを果たすことが叶うなら，それこそが人が愛でる音楽を通して，「生活を明るく豊かにすること」に寄与している具体的な姿だといえますし，教科としての責任を果たした証です。

資質・能力の三つの柱と評価

1 音楽科授業は「お遊び」「息抜き」?

　今後の教育活動は「知識及び技能」「思考力,判断力,表現力等」「学びに向かう力,人間性等」の三つの柱を基本として進められ,音楽科もこれらに即して「生活や社会の中の音や音楽,音楽文化と豊かに関わる資質・能力」を生徒に育むことを目標に教育活動が進められていくことになります。

　今回から「生活や社会の中の音楽,音楽文化との豊かな関わり」を目標に挙げていることに大きな意味を感じます。というよりも,音楽科での学習はここに意識をおいてこそ意味をなすと考えるからです。

　中学卒業時の音楽学力というものに人々の関心がおかれることはまずありません。つまり,そのときにものをいう学力ではないということです。国語・英語・数学・理科・社会という,いわゆる高校入試教科の学力がこの中学卒業年度には生徒と保護者,そして教師の関心の的になるのとは対照的です。

　では,音楽科は中学校教育において,どのように意味づけられるのか。事実だけをとらえると,上級学校への入試教科でないどころか高等学校では選択科目となりますが,これらをして「お遊びの教科」「息抜きの教科」と呼ばれることもあります。しかしそれはその通りです。人がその人生をより豊かに明るく生きるために音楽科はあると学校教育法に明記されていますから。

　音楽科が育む力ですが,それは,誰もが好んで親しむ音楽を組織的・計画的に学ぶことで,その音楽をより幅広く受け入れ,より深く感じ取ることのできる感性であり,表現の意図をもつことを可能にする感性でもあり,また,その表現の意図をなしとげる技能などです。

それらの力を，仮に中学3年次のある段階で見とったとして，それがどのような意味をなすのか。そのある時点での「〜の技能を身につけている」「〜を味わっている」という学力を見とることができても，述べたように，すぐには生徒の人生を左右する力ではありません。先の5教科は，そのときの人生を左右するものですらあります。

　この違いにこそ，音楽学力の意味があります。中学3年次までの学力は上級学校に進むためのものではなく，また上級学校における学習の準備でもなく，学校卒業時点から，人それぞれがその最期を迎えるまでの長い人生の折々に，時にじわじわと，時にパッと花開くように生きるものが音楽学力です。

　ということは，直ちに人生を左右するものではないが，人それぞれの生涯にわたる人生を左右するものが表現・鑑賞を通して生徒個々人に育まれる音楽学力です。その実現のためには中学3年生をゴールと思わずに，そのもっと先を見据える思想が教師には必要になります。

2 人生の質に関わる教科

　人は年老いると，生活上の様々なことにも困難が生じ，それを乗り越える労力が必要になります。ですが，そのような中でも，その人生は明るく豊かであると心から言えるために音楽科は存在していると断言します。

　その意味で音楽科においては，知識や技能であれ，思考力，判断力，表現力であれ，また，学びに向かう力であれ，これらが生徒個々人の人生にどのような意味をなすのかという視点がいつも含まれているべきです。現実的には，その題材で身につく学力が評価規準として示されるわけですが，そのそれぞれに，人が人としてどのように生きていけばより幸せなのかという，人生の質に関わる思いや願いが常に潜在していることが「生活や社会の中の音楽，音楽文化との豊かな関わり」に近づく一歩一歩なのであり，生徒がその生涯を生き抜くうえで欠かせない，明るさ，豊かさを象徴する「お遊びの人生」「息抜きの人生」をも実現する確かな歩みなのだと思います。

カリキュラム・マネジメント

1 カリキュラム・マネジメントのとらえ方

　カリキュラム・マネジメントとは，各学校が，学習指導要領に基づき，設定した各々の教育目標を実現するために教育課程を編成することで，計画だけではなく，実施及び評価を通じて改善を図ることまでを含めたものといえます。中央教育審議会，教育課程企画特別部会（2015.8.26）の資料「論点整理」にはカリキュラム・マネジメントの重要性とともに，そのとらえ方として以下の「三つの側面」が示されています。

1．各教科等の教育内容を相互の関係で捉え，学校の教育目標を踏まえた教科横断的な視点で，その目標の達成に必要な教育の内容を組織的に配列していくこと。
2．教育内容の質の向上に向けて，子供たちの姿や地域の現状等に関する調査や各種データに基づき，教育課程を編成し，実施し，評価して改善を図る一連のPDCAサイクルを確立すること。
3．教育内容と，教育活動に必要な人的・物的資源等を，地域等の外部の資源も含めて活用しながら効果的に組み合わせること。

　平成31年度以降に大学に入学し，教職を志望する学生を対象とする新たな教職課程の中にカリキュラム・マネジメントに関する内容が新設され，大学在学中にその基本的な事柄を修得することとなりました。

2 音楽科におけるカリキュラム・マネジメント

　そもそも、カリキュラム・マネジメントは校長を中心として教科や学年を超えて学校全体で取り組むものですが、それぞれの教科の指導計画の作成や評価・改善をも包括する考え方もあります。そのことを踏まえて「音楽科におけるカリキュラム・マネジメント」のとらえ方を考えていきます。

　第1に、学校の教育目標を再確認し、教職課程の特色と音楽科の位置付けを理解することが挙げられます。学校の教育目標は教育活動の根本となるものですが、その内容は学校によって様々です。社会に開かれた教育課程の具現化に向けて、自校の教育目標と年度目標、並びに教育課程の特色などを再確認してみましょう。学校によってはより具体化した「年度の重点目標」を示すこともあります。

　第2に、教科横断的な視点から教材、指導法を検討することが必要です。このことは従前より様々な取り組みが行われてきました。古くは1910年（明治43年）に発行された『尋常小学読本唱歌』で、国語科と音楽（当時は教科としての「唱歌」）の関連を見ることができます。

　高校の教科書（教育出版社『Music View』）には「TEXT & MUSIC（言葉と音楽）」「DRAMAS & MUSIC（物語と音楽）」「PICTURES & MUSIC（絵画と音楽）」などのセクションが設けられています。ダンスやスポーツも音楽と密接な結びつきがあります。このように、他分野との関わりがあることは、これからの時代にふさわしい新たな音楽の授業を創出する契機となりえます。ただし、深入りして「音楽の学習」がおろそかになっては本末転倒です。

　第3に、音楽科の学習活動全般について、実践と評価を通じて改善を図るシステムの確立が挙げられます。年間、各期及び題材（単元）ごとの指導計画については常に見直しをする必要があります。授業の改善を図る上で、各教科の学習活動においてもPDCAサイクルの確立が求められています。

〔共通事項〕の取扱い方

1 改訂における変更点

　平成20年の学習指導要領の改訂時に〔共通事項〕が示され，音楽科の学習は大きく進化しました。表現と鑑賞の学習活動の支えとなり，二つの領域を結びつける役割を果たすとともに，小学校と中学校の学習内容に構造的な一貫性を持たせることになりました。今回の改訂において〔共通事項〕がおかれている趣旨は変わりませんが，下線の部分が変更されています（下線は筆者による）。

　ア　音楽を形づくっている要素や要素同士の関連を知覚し，それらの働きが生み出す特質や雰囲気を感受し<u>ながら，知覚したことと感受したこととの関わりについて考える</u>こと。
　イ　音楽を形づくっている要素及びそれらに関わる用語や記号などについて，<u>音楽における働きと関わらせて</u>理解すること。

　上記「ア」については，「思考力，判断力，表現力等に関わる資質・能力」として，「イ」については，「知識に関わる資質，能力」として位置付けられています。これによって，〔共通事項〕の内容はより明確なものとなりました。
　一方，「音色，リズム，速度」などの音楽を形づくっている要素の具体についての例示が，「第３　指導計画の作成と内容の取扱い」の２の（9）において，配慮事項として示されています。

2 〔共通事項〕に関わる問題

　指導事項と〔共通事項〕を関わらせて指導計画を作成することについては定着しましたが，実際の授業では，音楽を形づくっている要素を知覚したり，雰囲気を感受するといった段階に留まっていたり，要素に関わる記号や用語の学習に重点が置かれたりする傾向が見られます。
　さらに進むべき段階として「ア」については次のように記されています。
・要素同士の関連を知覚すること
・要素の働きによって生み出される特質や雰囲気を感受すること
・知覚したことと感受したこととの関わりについて考えること
　今回の改訂では3点目が重要視されています。「イ」については，音楽活動を通して記号や用語の働きを実感しながら理解させるようにすることが重要です。さらに「ア」と「イ」を相互に関連させることも常に意識する必要があります。今後は，「考えること」の大切さとその深まり，及び理解の程度がこれまで以上に問われていくことになるでしょう。

3 音楽全体を感じる視点

　特定の要素の学習に重点を置き楽曲を分析的に聴くあまり，音楽全体を捉えにくくしているという例もしばしばみられます。いわゆる「木を見て森を見ず」という状況です。
　「「音色」などは要素であり，部品ではなく，個々には存在できないものであり，要素のみに終始してしまうのではなく，あくまでも音楽を形づくっている要素の一部分のみを取り上げているという意識をもたせ音楽の全体像を眺める時間も大切にしたい。」＊という指摘を参考にして，音楽全体を感じる視点に基づく指導について考察を深めていく必要があると思います。

＊齊藤忠彦『平成29年版　中学校新学習指導要領の展開　音楽編』2017年11月（明治図書）要約

言語活動の位置付け

1 音楽室に音や音楽が鳴り響いているのか？

「鑑賞の指導においては，音楽を自分なりに評価しながら，そのよさや美しさを味わって聴く力を育てることが大切であり，言葉で説明したり，批評したりする活動はそのための手段であることに留意する必要がある。」と平成29年告示学習指導要領解説に明記されています。平成20年告示学習指導要領からすべての教科の学習に取り入れられた言語活動の音楽科における位置付けを改めて説明しています。

関わる領域としては主に鑑賞になると思いますが，言語活動が学習に取り入れられたこの約10年間，音楽鑑賞指導の後半20分が批評文にとられるという教師の悩み，あるいは音楽から感じ取ったことを表す言葉として相応しいものを長い時間をかけて選ぶことで教室に音や音楽が鳴り響かないなどの現実，必ずしも学習指導要領に述べられている通りの実践ではないようです。

先の学習指導要領解説には「漠然と感想を述べたり単なる感想文を書いたりすることとは異なる活動である。」と明記されている箇所があります。また，以下のような説明もあります。

「音楽の鑑賞は，音楽を聴いてそれを享受するという意味から受動的な行為と捉えられることがある。しかし，音楽科における鑑賞領域の学習は，音楽によって喚起されたイメージや感情などを，自分なりに言葉で言い表したり書き表したりして音楽を評価するなどの能動的な活動によって成立する。」

重要な一文です。では，それを具体化する活動とはどのようなものを意味するのか。ゴールとして「その音楽を聴いてきた今，自分はこのことを皆に

伝えたい。これを他者に向けて言いたい」というような思いに生徒が及んでいることが理想的です。つまり，言葉で説明する以前に，その音楽に対する強い思いが生徒のうちに実感としてあることが重要です。そのためにも，音楽室が音や音楽で満たされていたのかどうかが問われてきます。

2 生徒に聴かせる前に教師が聴き込んで

　音楽を言葉で表すということを改めて考えてみます。言語活動では当然，生徒から表出される（選ばれた）その言葉そのものに学習のまとめとして大きな意味があります。ただし，音なり音楽がなければ，それを表す言葉もないと考えれば教室に鳴り響いていた音や音楽の方により大切な意味があります。

　そのためにも教師のすべきことは，教師自身が，まず生徒に聴かせる音楽に事前に十分に触れることです。その音や音楽を聴きこむことを通して，その音楽から生徒がどのような特徴を知覚することが可能なのか，知覚して欲しいのか，そしてそれをもとにどのようなことを感じ取る可能性があるのか，さらに，学習を終えるときに，その音楽を聴いた生徒がどのような思いとなって欲しいのかなど，生徒が聴く音楽から，およそ思いえがけることが必要です。その意味で，教師自らも言葉を綴ってみることを勧めます。すべての答えは音や音楽にあるわけですから，仮に，教師がうまく言語化できないようだと，教材にと考えている音楽が，どこか適切ではない可能性もあります。

　音楽科においても盛んに行われている言語活動ですが，実践してきたからこそ明らかになった課題が多々あります。一つひとつ解決しなければなりませんが，学習指導要領に記されている「能動的な活動」であるかどうかの検証は教師個々人によって早急になされる必要があります。

　この能動的とは「さて，集中してワークシートに書こう」というのではなく，先に述べてきたように「聴いたこの音楽のよさは○○であると（皆に）伝えたい」の中の○○を生徒が実感していることです。そのための十分な鑑賞の時間と，それを準備する教師の事前の音楽体験が必須となります。

障害のある生徒への指導

1 特別支援教育を巡る状況

　2013年（平成25年）に「障害者総合支援法」，2016年（平成28年）に「障害者差別解消法」が施行され，学校においても児童・生徒の障害の状況に応じた適切な配慮と，すべての生徒が平等に教育を受ける「学びの保障」の充実に向けての組織的な取り組みが求められています。

　今回の改訂では，全教科にわたり「障害のある生徒などについては，学習活動を行う場合に生じる困難さに応じた指導内容や指導方法の工夫を計画的，組織的に行うこと」と示されています。

　大学の教職課程も大幅な改訂が行われ，平成31年度以降に入学した学生は，「特別の支援を必要とする幼児，児童及び生徒に対する理解」（※科目名は各大学が定める）を履修することになりました。そこでは，幼児，児童及び生徒の学習上または生活上の困難を理解し，個別の教育的ニーズに対して，他の教員や関係機関と連携しながら組織的に対応していくための知識や支援方法を理解することが目標として示されています。

2 音楽の特徴を知覚し，曲想を感じ取る活動を通して

　ひとくちに障害といってもその態様は様々です。障害のある児童・生徒への音楽の指導は，それぞれの状況に応じた内容を用意し教育に臨む必要があります。そこでは，個人指導のみならず，他者との協同による表現学習，そして他者とともに音楽を聴いて学ぶことを実現することに大きな意義があり

ます。

　鑑賞活動の例を挙げます。音の聴取に支障がない場合には，音楽に合わせて体を動かす活動によって，その音楽の特徴・特質を知覚し，その曲想を感じ取る学習が可能となります。その場合，聴いて思わず体が動いてしまうような楽曲を選ぶとよいでしょう。

　「シンコペイテッド・クロック」（アンダソン）という楽曲では，はじめに時計の音に合わせて規則的に指や腕あるいは体を左右に振る活動を行い，そのあと楽曲のリズムに合わせて指，腕，体を動かしながら聴きます。シンコペイションのリズムによるスリルと曲想があいまって，楽しく刺激のある活動になります。ねらいに沿った選曲ができれば，音楽そのものに生徒を引き込む力があるので教師の説明には多くを要しません。生徒がその音楽に引き込まれるためのお膳立てをすればよいのだと思います。

3　障害の有無にはかかわりなく

　学習指導要領では「障害はないが特別な教育的ニーズのある生徒」も対象としている点に注目したいと思います。今後，共生に対する取り組みが推進されるとともに，特別支援学校，特別支援学級以外でも様々な教育的ニーズのある児童・生徒への対応が求められる機会が増えていくことでしょう。

　特別支援教育に携わった経験がない方は，今後積極的に研修等に参加する機会を求めていくことが望まれます。多様なニーズに対してきめ細やかな対応を行う事の大切さとともに，音楽の持つ力の大きさを改めて感じることでしょう。このことは障害の有無を超えて意識されるべきことだと思います。今回の改訂が，より多くの人に深い理解と意識の変化をもたらす契機となることが期待されます。

伝統や文化に関する教育

1 「我が国や郷土の伝統音楽」の扱い

 「伝統や文化の尊重」についてはかねてから提言されていましたが、音楽科では、平成10年の学習指導要領の改訂以降、我が国の伝統音楽に関する内容を表現活動でも扱うこととなり、音楽の授業に変革が起こったことは周知のとおりです。和楽器を扱う授業に関してはかなり定着し、数多くの優れた実践がみられます。
 中央教育審議会答申における音楽科の成果と課題の中で、「我が国や郷土の伝統音楽に親しみ、よさを一層味わえるようにしていくこと、生活や社会における音や音楽の働き、音楽文化についての関心や理解を深めていくことについては、更なる充実が求められるところである。」と記されています。
 「一層味わえるように〜」「更なる充実」という点について、後ほど考えていきたいと思います。
 この答申を受けて、学習指導要領の「第3　指導計画の作成と内容の取扱い」の2の（2）及び（3）では「生徒が我が国や郷土の伝統音楽のよさを味わい、<u>愛着をもつことができるよう工夫すること。</u>」（下線筆者）と、下線部分が追記されました。

2 「我が国や郷土の伝統音楽」の学習の推進

 鑑賞の指導事項イには、我が国や郷土の伝統音楽を含む多様な音楽が学習の対象として示されていますが、授業時間数のことを考えると難しい問題が

あります。日本の伝統音楽は種目が多く，それぞれが独自の発展をしているので総括的にとらえることが難しく，また，各種目の音楽の特徴に関して，わかりやすく説明することは容易ではありません。例えば，構成の把握がしにくい楽曲が多いこと（箏曲「六段」は例外的といえます），和声を伴わないこと，詞章が難解で内容を理解しにくいことなど，生徒が日頃親しんでいる音楽とは相違する点が多く，よさを感じづらくさせている要因になっていると考えられます。これらの事柄についてていねいに説明しようとすると授業が堅苦しくなってしまうおそれがあります。

しかし，学校教育こそ，我が国の伝統や文化に関する学習を行う絶好の機会であるといえるでしょう。音楽の授業で自ら発する和楽器の音色の美しさを実感した生徒が多くいると思います。西洋音楽やポピュラー音楽と異なる点が多いとしても，音楽として直接感じとれるものがあるはずです。

また，日本各地に魅力的な芸能や民謡が多数あり，多くの先生方が地道な実践を続けています。勤務校周辺の芸能に関心をもち積極的に関わっていくことは，学校と地域との結びつきを強め，ひいては音楽の教師自身の視野を広げることになるでしょう。

「我が国や郷土の伝統音楽」に関する指導のさらなる充実に向けた取り組みとして，以下の3点を挙げたいと思います。
・3年間の学習指導計画の中に適切な題材を設定すること
・歌唱，器楽，創作，鑑賞の各領域・分野の関連を密接にすること
・扱う内容の重点化を図り，教師が得意とする分野・領域を徐々に広げていくこと

なお，「内容の取扱い」の2の（6）に「我が国の伝統的な歌唱や和楽器の指導に当たっては，（中略）<u>適宜口唱歌（くちしょうが）を用いること。</u>」（下線筆者）と新たな記述が加わりました。これは，多くの楽器の習得の際に行われている方法で，旋律などを唱えながら，音高，リズムの把握とともに奏法や音の質感なども同時にとらえることができます。しかし，口唱歌を用いること自体が目的化しないよう注意が必要です。

ICT機器の活用

1 利点もあるが課題も

　近年，生徒へのタブレット端末の配付や，それ以前に配備が始まった電子黒板に象徴されるように教室のICT化が急速に進んでいます。ただし，先行した電子黒板に関しては，学校単位として見た場合，数量的に限られての配備でもあり，その使用に際しての制限も少なくないようです。よって，必ずしも教育現場において使いやすい機器とはなっていない実情もあります。

　いずれにしても，情報通信機能を備えていることから生徒がリアルタイムの情報に触れることに大きな利点があります。音楽科にとっても，学習効果に寄与すると思われるアプリケーションが多々見受けられ，それらの活用により，歌唱，器楽，創作，そして鑑賞の各学習内容の達成に効果的に使用することが可能になってきていることは間違いありません。

　とりわけ，平成29年告示学習指導要領に掲げられている「主体的・対話的で深い学び」の実現に向けての具体的な活動例として，生徒がタブレット端末を用いての学習が挙げられます。音楽科においても生徒自らによる調べ学習や参考楽曲の聴取，鍵盤アプリによる創作など，いわゆるアクティブ・ラーニングとしての実践例がすでに報告されています。

　今後，音楽科として重要なポイントは，やはり，ICT機器の援用が本当に教育効果の向上に寄与するのかについての見極めです。これについては，生徒の学力獲得という視点を置いて他にありません。

　仮に，生徒の学力獲得に有効との判断であっても，授業実践においては課題がつきまといます。当然のことながら，教師がまず，インターネット環境

にあるその機器及び周辺機器についての，相応の知識と技能を備えていなければなりません。実は，この点が大きなハードルとなりえます。もとより多忙を極める教師が，その使用に際して最低限覚えなければならないことが多々あり，その時間も満足に確保できないことが察せられます。

　より重大な問題もあります。必ずと言ってよいほど生じる運用中の予期せぬトラブルです。多くの場合，その対処には学校内でその事情に長けた教師が対応することになりますが，必ずしも，そこに駆けつけることができるとは限りません。このように，いまでもなお，このICT機器においては運用上の課題が残っています。

2　ICTの進化で授業もアップグレード

　それでもなお，新しい技術による教育の革新を信じることも忘れてはなりません。次元は全く異なりますが，かつてのレコードがCDに，ビデオがLDを経てDVDになり，音楽の授業，とりわけ鑑賞指導のあり方が全く変わったことを思えば，それは明白です。音楽科授業でレコードを使用していた当時には叶わなかった部分聴取が今では当然のこととして行うことができ，それによる教育効果も計り知れません。レコードではドイツ語の「魔王」を流そうと思っていたのに「日本語」のものが流れてしまうこともよくありました。それが今では，魔王，子どもなど，聴かせたいと思う場所が思い通りです。技術革新が教育の姿を大きく変えました。

　一方で，機器の劣化や性能の旧式化も課題です。アップデートで対応できなくなる時期が必ず訪れます。更新の問題です。音楽科では端末レベルの音量・音質の問題があります。すでに，これを克服する技術（Bluetooth等）も一般的になってきているものの，日本の音楽室すべてがそれに対応できるまでには，まだまだ時間を要するでしょう。レコード，CDの音質論争と同様，音楽における音質の問題はこれからも続くと思います。

学校外での音楽活動

1 隆盛を極める合唱コン・吹奏楽コン

　学校外での音楽活動としてすぐに思い浮かぶのが部活動です。そして，部活動が学校を出るということはコンクールや各種の演奏会等への参加など，校外での発表ということになります。

　コンクールでは，今や広く知られるように，全国規模の合唱コンクール，吹奏楽コンクール等があり，学校のみではなく，保護者や，場合によっては地域も含めての総力で「戦う」ことも珍しくありません。

　当然，教育課程内の教育の実りをはるかに超えた高水準の音や表現力が多くの者を魅了し，各地から合唱ファン，吹奏楽ファンが集う全国コンクールともなると入場券の確保も困難です。金銀銅賞の結果に目を奪われながらも，青少年が全力を打ち込んで表現しきるその姿に胸を熱くする聴衆も多く，今やわが国の文化のひとつとなっているのは間違いありません。

　ところが近年，部活動のあり方が問われ始め，休日や長期休暇を休むことなく続ける活動や，顧問教師の厳しい指導による生徒の心の傷等に社会の目が向けられています。また，その顧問教師自体の勤務実態も過酷なことが報じられ，本務である教育活動に支障をきたすことを不安視する声も耳にします。夏季休業のほとんどが部活動の場合，教員に義務付けられている研修に参加し，その資質・能力の向上を図り，秋からの教育活動をより充実させることなども望めないわけです。当然，行き過ぎている現状があるなら是正をしていかなければなりません。

2 生徒の思いを第一に、教師の使命も忘れずに

　とはいえ、この状況の中で見落としてはならないこともあります。それは、過酷とされながらも、自ら進んで部活動に参加し続ける生徒の存在です。そして過酷な勤務実態でありながらも指導に臨む教師の存在です。

　一旦、教師のことは脇に置きます。厳しさの中を生き抜こうとする生徒の思いが気になります。客観的に見ての「行き過ぎた現状」を指摘するとき、この部活動に打ち込む生徒については、やはり客観的な目を向ける必要があるのではないでしょうか。それを怠っては、夏休みにもかかわらず早朝より音楽室に集ってくる生徒たちが気の毒です。

　仮に、部活動であるからこそ厳しい活動日程や厳しい指導もあると納得し、通常の教育活動では成し得ない高度な音楽表現に魅力を感じ、その追求に生きがいを感じている生徒がいたらどうなのか。それでも問題のある部活動として括られ、見直しの対象の中に飲み込まれていくのかどうか。

　その前に、生徒のみで部活動のあり方を話し合うことが不可欠ではないでしょうか。それも多様な方法により、言いたいことが言えない状況を作らないことが必須です。まずは、生徒が言いたいことをすべて言うことです。

　とかく部活動となると、その伝統も相乗し、学校や地域の「売りもの」となっていることもあります。それでも一度は、生徒の思いをそのままくみ取る。その中で、生徒が「これまで通りの活動」と決めれば、それを尊重する。これが生徒の自主性による本来の部活動の精神そのままです。

　さて、教師についてです。生徒の場合と異なるのが先ほどの研修等との絡みです。一部の生徒の表現力や技能を可能な限り引き出していくことも教師のすべき教育活動ですが、その学校に学ぶ全生徒を対象とする授業の改善、指導力の向上等、教師に与えられた使命を全うするという意味で、例えば、研修と部活動との両立については、今後、生徒を第一に考えることを基本に、議論を早急に深める必要があります。

知識や技能の習得,習熟,定着のためのフォロー

1 うまくいかないときこそチャンス!

　音楽科の学習においては,学習成果として見込んだものが達成できないことが少なくありません。「前時はできていたものが本時ではできなくなっている」といった技能に関することをはじめ,知識に関することではさらにその傾向が顕著になることと思います。「前時に学んだ音楽記号の意味をほとんど忘れている」などです。

　ただし,この知識については,反復学習(単なる記憶行為)によってある程度,フォローできます。それでも,学習指導要領に示されているように,音楽における働きと関わらせて理解することが,本来,不可欠のはずです。

　一方で,技能については,その定着という課題があり,これは本来,難しいことです。生徒でなくとも,表現者が常に格闘するのがこの技能の維持と向上であることからもわかります。ですから,諦めることなく習熟を繰り返して定着を図り,そしてそのうえに新たなる技能の習得を試みるという,経験の学習の積み重ね以外には方法はありません。

　さらにもうひとつ「音楽を聴いても,その特徴すら知覚できない」とか「知覚できていても,その音楽から感じ取れたことがいえない」という鑑賞領域においての学習内容の未達成に関する悩みも挙げられます。

　様々な原因から実情は様々です。教師がそのときに選んだ楽曲が生徒の関心を呼ばなかった。選んだ楽曲は適切であったが指導の進め方に問題があったなど。いずれの場合でもそうであるのですが,その実情こそ,教師にとり重要な情報のはずです。その後のフォローを考える意味での,まさに材料と

なるからです。

　どの場合でも，教師にかえるものばかりですが，例えば，生徒が楽曲に関心を示さない場合でも考える余地はあります。そのある楽曲を聴く前にその曲想とは対照をなすような楽曲を聴くなどの比較鑑賞を行えば，生徒は少なくとも「比較」という聴き方ができます。当然，その比較こそが学びに向けての第一歩となります。このように視点を少し変えるだけでも生徒の学び易さにつながります。

2　学びの繰り返しが力を蓄積する

　鑑賞指導の場合には特に，先に述べた経験の学習という側面が際立ってきます。したがって，題材として扱う鑑賞教材のほかにも，年間の中で綿密に計画を立て，授業冒頭の常時活動を歌唱・鑑賞を交互に，もしくはその授業が表現の授業であるなら常時活動は鑑賞と決めておくのもひとつの考え方だと思います。生徒にとっては，この「聴く機会」というものが教師の思う以上に大切なのであり，様々な楽曲を全曲通してではなく，その一部分でも構いません。音楽についての理解を深めるために教師が焦点化したものを聴くことで学びとしての鑑賞経験を蓄積していきます。

　そのような学びの繰り返しの中で「確か，先々週頃に聴いた音楽と曲想が似ているんだけれど，今日聴いた曲は意外に静かに始まったところが印象的だった」というような言葉が生徒から日常的に発せられれば，彼らのうちに経験の学びによる力が備わってきている証しだといえます。

　音楽学習においては，その学びの多くが身体や感覚器官を刺激したり駆使するために，その習得，習熟，定着には思いのほか時間がかかり，フォローも必要になります。学習過程において「できない」「わからない」「聴き取れない」というような訴えが生徒から発せられたなら，それをチャンスととらえ，短期的なフォローは勿論，現状を改善するための中長期的なフォローも考える必要があります。

第1章

17

創意工夫と表現を結び付ける指導

1 創意工夫は表現されてこそ

　楽曲表現の創意工夫は盛んに行われている学習だと思います。学習のゴールとして，その創意工夫を具現化できる技能を身につけるところまでを目指すのか，それともその創意工夫がゴールなのか，あるいは，それほどの技能を必要としない創意工夫もありえます。ただし，いずれの場合でも，その楽曲の創意工夫に対して思いや意図をもっただけでよいのかどうか，このことについては，様々な学校の実情もあり，一概には言えませんが，その思いや意図は表現を伴ってこそ，具体化でき，意味をなすと言えます。やはり，その思いなり意図が音や音楽として表現されて初めて，その創意工夫の結果が音や音楽として実感できると考えるからです。

　そうなると，創意工夫と呼ばないまでも，例えば，それがちょっとした工夫であっても，それが実際に表現された結果に，表現者であった当の本人たち＝生徒が，その音楽にもう一度耳を澄まし，思いえがいた音楽表現が，思いどおりに表現できていたのかどうかをかえりみることが不可欠なのではないでしょうか。

　この振り返りの検証を疎かにすると，生徒のうちに育まれている単なる表現力ではない，思いのこもった表現力のようなものが仮にあったとしても，それを見過ごすことになります。

　とりわけ，音楽教師がその養成課程などで自ら身に染みて痛感してきたように，今日できたことが明日もできるとは限らないのが音楽表現です。その意味もありますが，第一義的には，まず生徒の耳や体に実感として残るうち

に自分たちの音楽表現で何が達成できて，何がまだ足りないのかなどを考え（思考し），次の表現の学習では我々は何に留意すべきなのか（判断する）を生徒自らが辿ることに学習としてのひとつの価値があると思います。ですから，教師はその日の音楽表現を通して生徒のうちに育まれている何かを見過ごさないよう注意を払い，それが実現していると確信したら，そのことに生徒の目を向けるように仕向ける必要があります。生徒による自らの学力の実感です。

2 ワークシートの時間も「音あり！」を当たり前に

　一般的に，学習のまとめではワークシートの記入にその時間が割かれます。その時間が学びの検証の機会になりますから，紙上で言葉を綴る，あるいは言葉の交わし合いに終始するのではなく，ここでこそ，成果と思うものを，もう一度歌って確認する（共有する）。課題として挙げられたことを実際に音や音楽で実感し直して確認する。これらの活動を経た後にワークシートの記入が行われれば，音や音楽が耳にまだ温かいうちに，その音楽についての言語化を始めることができます。
　ワークシート記入に進むと，もう音楽が教室に流れないと決めつけるのではなく，ここにこそ，もう一度音楽が必要だ。音楽に触れる必要があると，少なくとも教師はわきまえておく必要があるのではないでしょうか。そして，生徒ですが，「ワークシートなのだから，歌うことはもう終わったと思っていたのに，もう一度，歌うのか！　面倒くさいな」という思いとならないよう，このワークシートの時間には「音あり！」ということを，日頃より意識づけておくことも必要です。

第 2 章

新学習指導要領を実現する授業づくりの手法と仕掛け

第2章

1 知識及び技能

「思いを込めた表現」の実現

「大地讃頌」

1 聴き手の心をとらえる

　「こうすれば歌が上手になる」,「〜ピアノが上達する」,「〜授業力がアップする」という方法を示すことができるなら,多くの悩みや問題は即座に解決することでしょう。しかし,それは容易にかなうことではありません。
　「正確に歌えて（弾いて）はいるけれど……」,「一所懸命に歌って（弾いて）はいるけれど……何かが伝わってこない」と感じたことは誰にでもあることだと思います。聴き手の心をとらえる要素は何なのでしょうか。
　カラオケの評価に一喜一憂したことがある人は多いと思います。採点方法は機種によって異なります。音程やタイミング,声量などは機器が得意とするところだと思いますが,心情的な部分は的確に評価できるのでしょうか。
　大学の講義で「翼をください」を鑑賞したことがあります。元赤い鳥のメンバーである山本潤子氏の淡々とした歌い方に学生は驚いていました。しかし,メッセージはしっかり伝わってくるのです。また,ある音楽番組の中でベテランの女性歌手は次のように話していました。
　Q：「歌う時に意識することは？　『入り込む』とか感情移入とか……」
　A：「入り込んだら聴く人には伝わらない。ちょっと引いて歌わないと
　　　……10ある感情のうち2は自分の中で,8は皆さん（※聴き手のこと）
　　　で描いてほしい」
　歌い手が気持ちを高ぶらせてひたすら感情を込めて歌う,ということではなさそうです。「どのような点で歌が上手だと感じるのか」ということを生徒に考察させることもよいかもしれません。

2 表現の技能について

　さて，集団で学習する場である音楽の授業では，「技能」について，どのようにとらえたらよいのでしょうか。学習指導要領では「創意工夫を生かした音楽表現をするための技能」と示されています。ここからは歌唱分野に限定して考えていきたいと思います。

　平成20年告示の小学校の学習指導要領では「思いや意図をもって歌うこと」（中・高学年）と記されていましたが，今回の改訂で表現意図に関することは各学年の目標に記載されており，事項ウに「思いや意図に合った表現をするために必要となる技能を身に付けること」と示されています。ちなみに，中教審の答申では「変化する状況や課題に応じて主体的に活用できる技能として習熟・熟達していくことが重要」と記されています。

　現行の教科書を見ると，呼吸や口の開け方など発声の基本的な事柄については詳しく説明されていますが，「思いを込めて歌う」といったことに関する説明は必ずしも十分とはいえない状況です。歌唱を行う以上，思いが込められた表現を目指すのは達成感や充実感を得るうえで必須のことといえるでしょう。教師が範唱をすることは歌唱指導の基本といえますが，すべてを教え込むのではなく，生徒の発想を生かしたり主体性を発揮させることとの兼ね合いに配慮することが大切だと思います。

　一方，校内の合唱コンクールなど，生徒が自主的に取り組む合唱を聴くと，様々な課題が見出せます。音程やタイミングはよく揃っていて，強弱なども工夫されているけれど何かが物足りない……。その要因を考察すると，旋律に抑揚がない，和声感がない，メッセージが伝わってこないといった点が挙げられます。表現が平坦で，いわゆる台詞を「棒読み」しているようになっているのです。「思いを込めて表現しよう」「気持ちを込めて歌おう」と前向きな気持ちをもっていてもその要領を知らなければ充実した表現を実現することは難しいでしょう。

授業で，歌い方の基礎的な技能を習得し，継続的に学習することによってその定着や向上を図るのがよいのではないかと思います。

3 「大地讃頌」の授業づくりアイデア―歌い方の基本と表現の向上―

　授業の一場面を見てみたいと思います。教材は「大地讃頌」です。歌い方の基本として旋律に自然な抑揚をつけることを指導します。

T：気持ちを込めて歌ってね。
S全員：♪よろこびーはーあるー
T：ちょっと平坦だね。ここの部分はどのように工夫したらよいのかな？
S1：「よろこび」って言ってるんだからそれらしく。
S2：目を輝かせるようにして歌うのかい？
S3：「よ」のところを少し強く言うのはどうかな？
T：そうだね。「強く」というより「深く」といった感じかな。発音してみよう！　何回かやってみて。
S全員：よろこび！
S4：「よろこびは」で音が上がっているからそこで勢いよくするのは？
T：「ろ」や「は（wa）」を強調するの？　不自然にならないといいけどね。
S4：うーん……
T：「よろこび」はあるのかな？　ないのかな？
S：ある！
S5：「ある」の方を強くした方がいいんじゃない？
T：「強く」というとみんな極端にしちゃうからな。自然にね。
　ここで音がひとつ上がっているね。この動きを利用して「あ」のところに気持ちを乗せるような感じにするのはどうかな？
　※Tが範唱する。
S2：いい感じだね。

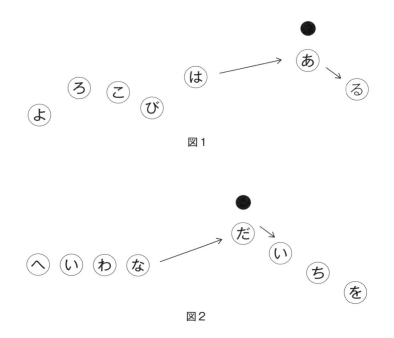

図1

図2

　ここで得た技能は「平和な大地を」のところでも活用することができます。同じような音の動きは他の楽曲にも頻繁に表れるので，応用が可能です。第3章の歌唱の事例も参考にしてください。
　旋律に抑揚をつけるポイントとして，以下の2点を挙げます。
　・言葉の中で強調するところを意識する（歌詞の音読が有効）
　・旋律の流れを感じ，音の動きを利用して気持ちを乗せるようにする
　その際，表現が不自然にならないようにすることが大切です。
　歌唱の指導力は音楽科の教師にとって基本となる必須の技能ですが，特に音楽的な表現の向上を目指す場面では，音楽性やコミュニケーション能力など指導者としての総合的な力を発揮できるのではないでしょうか。

第2章
2 知識及び技能

音に始まり音に終わる知識の習得

「ヴァイオリン協奏曲第1楽章」

1　音楽を理解するには音が不可欠

　音楽の美しさを言葉にして語ることは難しいことです。ただ，美しいものの美しさを言葉で表現することができるのは我々人間にのみ可能なことです。その力を大切にし，それを若き生徒たちに育むことにも意味があります。

　音楽の美しさでなくとも，音楽の演奏の様子や形式について言葉で伝えることにも難しさがあります。例えば，交響曲をどのように言葉で説明するのか，ロンド形式は？　今日ではそれらを説明できる資料があります。教科書の解説がよい例です。

　ただ，基本的に文字や写真，あるいは絵による解説では音や音楽を聴いての実感がありませんので，それらは記憶の一部に取り込まれただけで徐々に忘れ去られていきます。音楽学習では，やはり音や音楽による実感のともなう理解が不可欠です。

　教科書に協奏曲があります。例えば「ヴァイオリン協奏曲」を挙げます。この協奏曲について，極力，教師の解説や教科書の解説によらずに音や音楽から理解するにはどのようにすればよいのか。以下は，その例です。

2　「ヴァイオリン協奏曲第1楽章」(メンデルスゾーン作曲)の授業づくりアイデア

T：今日は音楽を聴いて勉強します。これから2曲の管弦楽曲を聴きます。
　1曲目をA，2曲目をBとします。聴こえてくる楽器の音色に注意して聴いてください。あとで教えてくださいね（ここで簡単に，管弦楽曲とはど

のようなものを言うのかぐらいは確認しておいてもよい)。

♪「交響曲第5番第1楽章」(ベートーヴェン)を冒頭より第2主題に進んだ辺りまで聴く。

T：どのような楽器の音が聴こえてきましたか？
S：ヴァイオリン　ホルン　ティンパニ　など
　　(聴こえてきたとするものをもう一度聴いて確かめてみるとよい)
T：ではBです。やはり聴こえてくる楽器に注意して聴きましょう。

♪「ヴァイオリン協奏曲第1楽章」(メンデルスゾーン)を冒頭よりヴァイオリンソロが際立っている部分までを聴く。

T：どのような楽器の音が聴こえてきましたか？
S：ヴァイオリン！
T：ヴァイオリン！　ほかには？　ありますか？
S：……

ここは大きなポイントです。教師の発問は次のようになるはずです。

T：先生は両方ともに管弦楽を聴くと言いましたよね？　同じ管弦楽曲なのに，Aではこのようにいくつかの楽器が挙がった。なのに，Bではヴァイオリンしか挙がらない。これはどうしてでしょうか？」

3　音楽を聴いて迷い，考えるポイントに自ら行き着くことの大切さ

この下線部の疑問を生徒から引き出すことに成功すれば，より素晴らしいことです。生徒はまさに，先生の仕掛けにはまり，「変だな？　どうしてな

第2章

んだろう？」と自ら迷い，考えるべきポイントに行き着いたことになります。
　以下のような発問も可能です。ある意味で，これはヒントを交えていることにもなります。

T：AにもBにもヴァイオリンが挙がりながら，どうしてBの方はヴァイオリンだけが活躍しているように聴こえるのでしょう？

　ここで生徒から「ヴァイオリン協奏曲だから？」という発言があれば，それはそれでよしとしますが，もし生徒が答えに行き詰っていたなら，ここでこそ映像資料の出番だと思います。もし，適切なものがなければ，先生が協奏曲の演奏形態の絵を描いておくとか，やはり視覚資料がものをいいます。
　その視覚資料で指揮者の横で1人のヴァイオリン奏者が立って演奏していることがわかります。ここで教師は協奏曲であることを生徒に告げて，この曲の場合にはソリストがヴァイオリニストであるから「ヴァイオリン協奏曲」と呼ぶことを伝えます。
　この指導の進め方ですと教師の言葉は最小限度です。すべて音や音楽が説明してくれているからです。
　同じ進め方のようでいて，以下のような発問の場合はどうでしょう。

T：これから2曲の管弦楽曲を聴きます。そのうちのひとつがヴァイオリン協奏曲です。AかBかどちらでしょうか？

　生徒は聴こえてくる音から「え？　どちらだろう？」と考え迷うことになり，そして「Bだ！」と決めることになりますので，あたかも思考力・判断力を仕掛けているようにも思えます。
　ただ，この場合，先ほどのように生徒自らが「同じ管弦楽曲なのに変だぞ？」という，この学習でのひとつのポイントである疑問をもつことや，迷いに陥ることは期待できません。ヴァイオリン協奏曲というオチがわかって

いますので。
　そうではなく，協奏曲だということを伏せておくことで，生徒自らが思考力を働かせなくてはならない局面に自然と誘い込まれることになるのです。指導はこの先も続きます。

T：今日はもう1曲聴きます。次に聴く曲も協奏曲です。では何協奏曲か。聴き終えたら教えてください。

　♪「ピアノ協奏曲第1番第1楽章」（チャイコフスキー）の冒頭部分を聴く。

T：では何協奏曲ですか？　みなさんご一緒に！
S：ピアノ協奏曲！　　　T：どうしてですか？
S：ソリスト（独奏楽器）がピアノだから。

　ここでは「次に聴くのは協奏曲」とはっきり告げ，「次に聴くのは協奏曲ですか？　それとも？」としていません。ここで教師が確認したいのは，独奏楽器が変わっても協奏曲名が答えられるのか？という点です。そして，先のヴァイオリンはオーケストラ楽器でもありますが，ピアノは通常オーケストラにはありません。よって，オーケストラ楽器も，それ以外の楽器もソリストになるということをおさえることが主たるねらいであるから，ここは端的に「次も協奏曲」と告げました。
　このように進めると音楽室には終始，音が鳴り響きます。協奏曲と聞くと，つい言葉で解説したくなりますが，音に始まり音で終わることが重要なのです。

第2章

3 知識及び技能

図解や言葉での説明に頼らない指導

「交響曲第5番」

1 楽曲の形式の穴埋め　空欄を埋めればよいわけではない

　楽曲の形式については教師が言葉や図で解説した方が生徒にとってわかりやすいと考えられがちかもしれません。以下のような図です。

提示部	展開部	再現部	終結部
第一主題　第二主題		第一主題　第二主題	

　期末テストに出題し、穴埋め問題として「知識」の定着を図ることも少なくないと思います。ただ、その知識はただ単に覚えたものである限り、いつの日か忘れてしまうものです。

2 「交響曲第5番」(ベートーヴェン作曲)の授業づくりアイデア

　「交響曲第5番ハ短調作品67」（ベートーヴェン）は教材としてよく扱われます。第1楽章はソナタ形式ですが、各部ごとに曲想を変えながらも第1楽章を通しての見事な統一感を感じ取ることができます。
　さて、この曲の鑑賞を通してソナタ形式について学ぶ場合、教科書の図表に基づき解説を進めることも少なくないと思います。その方法を否定しませんが、例えば、教科書を開き「今日聴く曲はソナタ形式ですから、まずその説明をします。教科書を見ましょう」と教師が解説を始める。そして、どこか区切りのよいところで「それでは提示部を聴いてみましょう。第2主題に進んだところで先生が合図をします」あるいは「第2主題に進んだな？と思

ったら，そこで皆さんが合図をください」と進めることができます（この場合，後者の方が，生徒は注意して聴くことでしょう）。

　順調に授業が進んでいるようですが，ソナタ形式のように，ある主題を反復（再現）するような場合，それを耳で感じ取る際の実感，そしてそもそも「なぜ反復するのか」について実感を伴って理解することが重要です。

　再現部に進んだ際，提示部で聴いた第1主題が再び流れます。再現することが予めわかって聴いているのと，そうでないのとでは音楽学習として大きな違いがあります。では後者をどのように進めるのか。以下は一例です。

T：これからある曲を聴きます。メロディを覚えるつもりで聴きましょう。
　♪提示部第1主題の終わるところまで聴く（何回か聴く）。
T：音楽をいま途中で止めてあります。いまの部分をAとしておきます。先を聴いてみたいと思いますが，もし同じ音楽だったらAです。音楽が変わったらBとします。よく聴きましょう（黒板にカードAを貼る）。
　♪再度，提示部第1主題から第2主題の最初の部分まで聴く。
T：音楽はABのどちらに進みましたか？
S：Bです。（黒板にBカードを貼る）
T：では，いまの部分をもう一度聴いて先まで聴いてみます。次に進む可能性のあるのはなんでしょうか？
S：C！　　　　T：まだないですか？
S：A！　　　　S：Bだってありえる。　T：なるほど！
　♪提示部第2主題から展開部冒頭までを聴く（ただし，提示部の繰り返し後から再生していないと提示部冒頭に戻ってしまうので注意）。
T：いまのは何でしょう？
S：C！　　　　S：いやA？　　　　S：Bではない。
T：ではAをもう一度聴いて，いま迷っている部分をもう一度聴きましょう。
　♪提示部第1主題と展開部冒頭を少しずつ聴く
S：Cだ！（黒板にCカードを貼る。）

T：そうですね。ではこの先を聴きます。Cの次の可能性は？
S：Dだ！　　　　S：いやAもある！　　　　S：BもCも。
T：可能性としてはその通りですね。では聴きましょう。
　♪展開部から再現部第1主題冒頭までを聴く。
　（この部分は切れ目なく連続的に再現するので生徒がわかりづらいと感じた場合には，教師が「この場所」とサインをおくるのでよい。）
T：いまのは？　　S：Aだ！
T：もう一度，同じ部分を聴いて確かめましょう。
　♪もう一度聴く
T：間違いなくAですね。☆（黒板にAカードを貼る。）
　（以降，再現部第2主題に至る前にオーボエのソロがあるものの「Aにはなかった音楽が出てきたね」と意識させ，作曲者が特別な思いからこのようにしたのだろうという程度の説明をしておけばよい。）
　この後，またBが知覚できた辺りで黒板には以下のようにカードが貼られていることになる。

　<u>A</u>　<u>B</u>　C　<u>A</u>　<u>B</u>

ABの後者（網掛け）から説明を行う。
T：同じものがもう一度現れることを「再現」と言うことがあります。ですからここは再現した場所「再現部」と呼びます。

　<u>A</u>　<u>B</u>　　C　　<u>A</u>　<u>B</u>
　　　　　　　　　　（再現部）

T：それに対して，最初のABは初めてそれを提示する部分「提示部」と呼び，通常は反復します。

　<u>A</u>　<u>B</u>　　C　　<u>A</u>　<u>B</u>
　（提示部）　　　　　（再現部）

T：ABそれぞれにも呼び方があります。Aは第1主題，Bは第2主題です。
　A（第1主題）　B（第2主題）　C　A（第1主題）　B（第2主題）
　　（提示部）　　　　　　　　　　　　　（再現部）

T:まだ名前のついていないのは何ですか？　　　S:C！
T:これを「展開部」と呼び，提示部の音楽を工夫して変化させてみたり発展させてみる場所とされています。

　A（第1主題）B（第2主題）C　　　A（第1主題）B（第2主題）
　　（提示部）　　　　（展開部）　　　　（再現部）

T:このような構成の音楽をソナタ形式と呼びます。

3 音楽からの実感が大切

　この後教科書を開き，学んできたことの確認と楽曲名や作曲者のこと，そして，楽曲ではこの後，終結部が続くことを知ります。

　話を「実感」に戻します。☆印に注目してください。再びAが聴こえてきたときの気持ちを生徒にたずねてみましょう。「Aが戻ると予感していた？」「意外だった？」「Aが聴こえてきたとき，どんな気持ちになったかな？」など，要するに音楽が意味もなく繰り返されているのではなく，鳴り響いては瞬時に消えてしまう音楽は「再現」というかたちで聴く者にもう一度問いかけてくるのだ，ということを生徒の発言からまとめるとよいと思います。

　ここでの生徒の発言は，予め第1主題が再現することを知っていては生じないものです。初めてインプットされたものが文字情報や教師の言葉ではなく，音楽そのものだった。このことに大きな意味があります。

　楽曲名や作曲者名を知るのが最後だったり，提示部の繰り返しを省略したり，細切れに聴くことに抵抗があるかもしれません。ただ，これはソナタ形式というものを，聴いた音や音楽から理解するための仕掛けです。これは学びのための音楽鑑賞ですから，生徒が何かを理解したり，感じ取ったりするための鑑賞指導です。それゆえに，聴き方の工夫も必要なのです。当然，構成を理解した後は全曲を通して聴きます。そこで，展開する意味を，再現する意味を改めて感じ取りながら鑑賞を深めて欲しいと思います。

第2章

4 知識及び技能

音楽の特質に迫るための手立て

「フーガ　ト短調」

1 当たり前なことが学習内容になることはいくらでもある

　教師はわかっていても生徒が知らないことはいくらでもある。これは当たり前のことです。ただ，実際の指導においてその当たり前のことへの配慮が欠けてしまうことがないとは言い切れません。

2「フーガ　ト短調」(J. S. バッハ作曲)の授業づくりアイデア

はじめは教科書を開かずに　鑑賞は一度では済まない

　例えば，「フーガ　ト短調」(J. S. バッハ)を例に挙げます。この楽曲を通して生徒はフーガ形式に触れ，オルガンの音色に浸ります。

　このオルガンの音色に浸ることは，楽曲を聴いてさえいれば済むと思いがちです。しかし，それは音色を知覚したことに過ぎず，そもそもオルガンというものがどのような楽器であるのか，あるいは，それがどのような機能をもつものなのかまで踏み込むものではありません。

　先ほど，この楽曲を教材としてフーガ形式を学ぶと記しましたが，先生の中には，「同じ主題が反復するまでは生徒は知覚が可能。けれども，そのそれぞれの開始音の音高が異なることを知覚できる生徒は少ない」と悩む方もおります。もちろん，教科書の楽譜を辿りながら，そのすべてを知覚できる方法もありますが。

　そこで，例えば「これからある音楽を聴きます。聴こえてくるメロディに注意して聴きましょう」としてこの楽曲を聴きます。曲名も，オルガンで演

奏されていることも伝えておく必要はありません。つまり，この段階で教科書を開くこともありません。

　冒頭部分の幾度かの鑑賞を通して，有名な主題の知覚が済み，次にはその反復の有無に生徒の関心を向けていきます。仮に，「同じ旋律が繰り返される」ということが知覚できたなら，一旦，そこでオルガンというものに視点を向け，映像教材等でオルガンの奏法や機能に触れてみることが重要です。教科書に写真や解説もありますが，ここでこそ映像教材が意味をなします。

映像が絶大な効果となる場合

　それは思いのほか原初的な発問から始まります。「そもそも皆さん，この曲を演奏している楽器の名前は？」です。教師はわかっていることですが，生徒によっては生まれて初めてその音色に触れているかもしれません。

　生徒から楽器名が挙がればそれでよいわけですが，そうではない場合，映像が絶大な効果をもたらします。映像を通して「ピアノと違うなぁと思ったことはなんですか？」という発問をなげかけて，生徒が気づいているオルガンの特徴を確認していきます。そこで，「鍵盤が１段ではない！」「音を出すときに足も使っている！」というような生徒の発言が期待できます。

　この「足も使っている」が確認できることは重要です。次に「足を使っているときの音は高い？　それとも低いのかな？」と発問ができるからです。当然，もう一度，映像を見て確かめます。その音をピアノで再現して，わかりやすく，提示することにも意味があります。結果，「低い！」と。

生徒が聴き取ることを焦点化

　こののち，先の「同じ旋律が繰り返される」に戻ります。映像は必要ありません。まず，「旋律は何回繰り返されますか？」と発問して，４回反復されるところまで聴きます。当然，生徒は知覚可能だと思いますので（この段階で，少なくともかなりの回数の鑑賞になっている。この回数も大事），「４回ですね」ということになります。

「ではその4回のうち，先ほど知った，足で弾いているな？と思う場所にきたら，先生にサインをして教えてください」としておき，再度聴きます。生徒が最初にこの曲に触れたときと，ここでの鑑賞とでは大きく異なります。生徒の聴くべきものが映像で知りえた知識によって焦点化されていますので，絞り込まれたものに耳を澄ます姿勢が生じています。この場合，「低いな？」という音を探します。ですから，注意して聴こうとしたものの，結果的に当たらなくとも，聴くべきものに主体的に注意が向いたことをまず評価します。

知識の習得の先行も必然性があれば

　最終的には本楽曲が演奏されている映像があれば，それで確認することが可能ですし，映像がなければ，教師がそれを教えることになりますが，ここで生徒はオルガンの楽曲はピアノの楽曲と異なり，足で奏したり，鍵盤を使い分けていることを理解することになります。

　以降，確認したこの足での演奏をきっかけに，残る3回のそれぞれの音高，音域の違いを知覚するかどうかですが，それが可能な場合と，多くの先生が指摘する難しさがあろうかと思います。それでも，教師は当然わかっているオルガンの奏法や機能に一旦，生徒の関心を引き寄せることにより，少なくとも4回の反復のうち1回は足で奏でられていて，同じメロディでもその音域が低いということは知覚できることになります。

　「新たな知識の習得は，音楽のよさや美しさを味わって聴く過程で行われるものであることから，知識を習得してから音楽のよさや美しさを味わって聴くといったような一方向的な授業にはならないよう留意する必要がある。」平成29年告示学習指導要領の一節ですが，このオルガンの例ですと，この意に反しているようにも思えます。

　しかし，音楽学習でも「このことがわからないとその音楽の特質に迫ることができず，その曲想を感じ取ることも，よさを味わうこともできない」ということが事実あります。生徒の日常生活では，ほぼ接することが不可能なオルガンについては，まさに，そのことが当てはまります。述べてきたよう

に，その知識を得ることによって知覚しやすい音色が浮き彫りになるという見通しがある限り，そして，その知覚が楽曲の全体像に，よさに迫るという確信が教師にあれば，それはそれでよいことです。

　ここでのポイントは，学習指導要領に明記されていることの理解も大切ながら，教師自身がその楽曲のよさに迫るための手立てに向き合い，指導の進め方に確信をもつことも時には必要ということです。

3　オルガン曲におすすめの発展学習

　一方で，オルガン曲ではぜひにも，進めてほしい学習があります。いわば，発展学習というか，補足学習でもありますが，それがこの「フーガ　ト短調」を別の音源で鑑賞することです。

　当然，オルガン曲でなくとも音源が変わると曲想ががらりと変わる場合があります。速度や強弱の変化，フレーズのとり方，リズムの強調の仕方など，挙げればきりがありません。

　このオルガンの場合には，もうひとつ，音色そのものが全く異なることに生徒が気づくことができれば，それも学習材となりえます。

　教師はわかっていることですが，ヨーロッパでは普通，教会にオルガンが設置されています。そのそれぞれのプロフィールは年代，あるいは国ごとの違いなど，一台ごとに異なるものであって，必然的に奏でられる音色が異なり，それがテクスチュアを全く違うものに感じさせることさえあるのだ，と生徒が知覚できたら，そこから感じ取れる曲想も，曲の雰囲気も全く異なる可能性も生じてきます。その場合には，例えば，「音楽の感じ方がなぜここまで変わるのか？」という教師の発問から進む学習となります。発展学習として，試みてもよいと思います。

第2章

5 知識及び技能

楽曲の背景を伝えるタイミング

「アランフェス協奏曲」「ブルタバ」

1 楽曲の背景を知る利点もあるが……

　楽曲の背景を知り，それをふまえて鑑賞することでその楽曲により親しみを感じたり，楽曲のよさをその背景と絡めながら聴き深めることができる。そして，そのことに学習としての価値がある。このことについては異論をはさむ余地はありません。

　楽曲をその背景となる文化・歴史などと関連付けて鑑賞する場合，単に音楽そのものを聴いて，その曲想を感じ取り，そのよさを聴き味わう場合と比べると，物語性のようなものが付加されたわかりやすさを生徒にもたらします。この約10年間，行われるようになった鑑賞指導のひとつの方法といえます。平成29年告示の学習指導要領に以下のような指導事項があります。

> イ　次の（ア）から（ウ）までについて理解すること。
> 　（イ）音楽の特徴とその背景となる文化や歴史，他の芸術との関わり

　今後も指導事項として生き続け，平素の授業にこの趣旨が反映されることになります。

　一方で，このように「背景を交えた学習」には注意すべき点もあります。それは，生徒が背景を知ることは，彼らがその背景に即した感じ取り方をするものと指導者が考えること。また，当の生徒がそのように思い込むことです。

2 「アランフェス協奏曲」(ロドリーゴ作曲)の授業づくりアイデア

　例えば,「アランフェス協奏曲第２楽章」(ロドリーゴ)は作曲者がその妻の死産という痛ましい場面に直面した際の心情が楽曲に込められていることが知られています。
　かつて発売されていたLDを鑑賞すると，ロドリーゴ自身から話を聞いたギタリストのペペ・ロメロが解説する形でこの曲の背景を伝えています。中でも，「なぜ，子どもの命を奪うのか？という怒りと現実を受け入れる悟り」と解説される部分を聴くと，痛切感が極まり，泣けます。
　曲の終結部では曲想が穏やかになって上行音階が静かに奏でられますが，ここでの「召された子どもが天に昇っていくのです」という説明には，先の絶望による嘆きが慰められ，昇華されていくような救いがあります。
　作曲者自身がその楽曲について語っているパターンですが，当人が語っていると事実そのものであって，客観性を帯びたものになります。それでも，この事実を知って（知識を得てから）鑑賞をした場合でも，その迫真の物語に共感できる生徒と，そうでない生徒のそれぞれがいてよいわけです。
　そのような場合,「これだけの背景（事実）を知りながら，それ（作曲者の思い）に同調できないあなたの感じ取り方はおかしい！」と言えないのが音楽鑑賞の音楽鑑賞たるところです。仮に，多くの生徒が「共感できる！」と発言した場合でも，その共感がすべて同質のものとは限りません。
　では，どのようにしたらよいのか。本来は，その背景を学ぶ前に（知識を得る前に），やはり音楽そのものを鑑賞すべきだと思います。音楽を聴きながら音や音楽から感じ取れることが何であるのかが，やはり重要です。そのうえで，生徒間で感じ取り方を共有し合い,「この曲は聴いていて切ない」「悲しい曲だ」「それでいて激しい部分もある」「最後は消え入るように，穏やかに終わる」というような言葉が綴られたりすると,「それはどうしてなのだろう？」という思いに自然に進むこともできます。

そこで先ほどの楽曲の背景を生徒に知らせる必然性も生じます。その必然性の中で「そうだったのか！」「だからか！」という生徒の思いがあるでしょうし，「私の思っていたものと違う」という思いもあることでしょう。
　大事なのは，ここで後者のような思いを抱く生徒の存在です。これは最初に楽曲の背景を知らせていたら，もしかしたら現れない生徒であったかもしれません。その意味では，ロドリーゴの語っていることは，まさに客観的な事実であると思いがちですが，音楽は，それを鑑賞する者によって様々な感じ取り方があってよいと考えると，客観的＝誰もが同じように感じ取れることを意味しているわけではないとしておいた方がよいのかもしれません。
　個人の感受ということでは，音楽を音楽として聴き，聴こえてくるその音や音楽の中から感じ取ったそのままを大事にすることにとても意味があります。とはいえ，それは感じ取ったことを自由気ままにということでもありません。学習指導要領に以下の指導事項があります（下線部筆者）。

> ア　音楽を形づくっている要素や要素同士の関連を知覚し，それらの働きが生み出す特質や雰囲気を感受しながら，知覚したことと感受したこととの関わりについて考えること。（(3)〔共通事項〕の項）

　この指導事項が示すように，音楽を音楽として聴いての個人の感受が十分に尊重されたのち，音楽学習でも言語活動でそれを表出することになりますが，その際の留意事項も示されていますので，再び同じ箇所を引用します（波線部筆者追加）。

> ア　音楽を形づくっている要素や要素同士の関連を知覚し，それらの働きが生み出す特質や雰囲気を感受しながら，知覚したことと感受したこととの関わりについて考えること。

　感じ取ったことの表出では，このように音や音楽そのものから知覚し感受

したことの双方がその関係性を保って言語化されていること，その知覚している要素が学習で（教師が）力点を置いていた内容に即していることが求められます。つまり，これらのことが確認できれば，音楽を聴いての個々人の感受であっても，それは自分の思いを自由に述べただけでなく<u>学習を経たからこそ語ることができたひと言</u>となり，重みがあります。

述べたように，その背景を学ぶとされる楽曲であっても，その音楽そのものから辿り着く感受は個々人，それぞれになります。反して，楽曲の背景を知ったことによって音楽の聴き方そのものが変わってしまい，純粋に音楽としてそれに触れた場合と比べた場合，感じ取り方の自由度という点で大きな違いが生じる可能性があることに指導者は気をつけなければなりません。

3 「ブルタバ」（スメタナ作曲）の授業づくりアイデア

ほかにも「ブルタバ」（スメタナ）では作曲当時のスメタナの母国チェコが置かれていた政治的な事情を反映し，スメタナの祖国への思いがこの楽曲に込められているとされています。事実そのものです。

それでも，そのことを先に告げずに，この音楽から知覚可能なこと，そして感受できるであろうことに見通しをつけたうえで，まず音楽を聴くことからこの曲のよさに迫ることを勧めます。それにより，生徒の言語活動の結果が「祖国愛」や「祖国の不遇と闘う意思」のようなものに偏ることなく，やはりこの音楽の美しさ，よさを語るものが多く綴られ，「この音楽からこのようなことも感じ取ることができるのか！」「人の感性，感情って素敵だなぁ」というような思いに教室にいる皆が満たされるような音楽の聴き方であってほしいと願います。

第 2 章

6 知識及び技能

授業の導入の工夫

「歌舞伎入門」

1 生徒の興味・関心を高める授業の導入

　日本の伝統芸能の学習に関して，教科書には豊富な図版が掲載されていて充実した内容となっています。これらを活用して授業を展開することが多いと思われますが，ここでは授業の導入部分を工夫して生徒の興味・関心を高める方法を提示します。

　日本の伝統音楽や伝統芸能に親しみを感じにくくさせる要因がいくつか考えられますが，その中のひとつとして知らない「用語」が多いことが挙げられます。読み方や意味がわからないと，そこが引っ掛かり，学習の順調な進行を妨げるのです。そこで，基礎的な用語の理解を冒頭部分で行うのです。いずれも歌舞伎を知るうえで重要な用語で，後の学習で再び出会うことになります。その布石となっているのです。

漢字の読み方を示してください（テストではありません！）
傾く（　　　　）く　　柝（　　　　　）　　黒御簾（　　　　　　）
合方（　　　　）　　立役（　　　　　）　　黒衣（　　　　　　）
三挺三枚（　　　　　　）　　出雲阿国（　　　　　　　）

　また，実践にあたっては「堅苦しくならないように」ということを心掛けています。歌舞伎は雅楽や能と異なり，庶民に愛好された芸能です。生徒がその魅力を直接的に感じ取れるところがあると考え，映像を多く使用します。短く印象的なシーンを選び，説明と関連させて視聴します。

2 「歌舞伎入門」の授業づくりアイデア

題材の概要
「歌舞伎入門」と称する鑑賞領域の3時間配当の題材です。
第1時　歌舞伎の魅力（舞台構造　演技，演出など）
第2時　歌舞伎の音楽（長唄　義太夫節　黒御簾音楽）
第3時　歌舞伎「勧進帳」の鑑賞
以下第1時の指導のポイントを提示します。

導入部の工夫①　基礎的な用語の理解
前掲の漢字の読み問題です（答えは後掲）。多くは考えても解を見いだせないため時間はかけません。この中では「傾く」が重要で，「異様な身なりをする」といった意味になります。

導入部の工夫②　図版の活用
下記は「阿国歌舞伎図屏風」（部分）です。元の図版は高校の教科書（音楽之友社『改訂版On♪ 2』）に掲載されており，17世紀初頭の歌舞伎踊の様子を表しています。プリントに掲載し，スクリーンにも映し出します。

T：この舞台を見て何か気がつくことはありませんか？　教科書に載っている図と見比べてもいいよ。
S：花道がないです！
T：そうだね。ほかには？
S：……。
T：舞台の隅に柱があるね。これ前に出てきたよね。目印になるって……。
S：能の舞台ですか？
T：その通り。後ろの方に囃子で使われる楽器があるだろう？　三味線はまだ使われていないんだ。中央で踊っているのが出雲阿国で男装をしている。踊の名手で凄く人気があったそうだ。今ならばヒップホップ系といった感じかな。周囲の観客も結構面白い恰好をしていて、このようないでたちを「傾く」というんだ。いつの時代でも個性的な人はいるんだね。

前述の通り冒頭で記した「堅苦しくならないように」という点に配慮しながら、生徒の興味・関心を高めていきます。プリントにはいくつかのイラストを載せて楽しく学べるよう工夫しています。冒頭で記したように、歌舞伎が庶民に愛好された芸能である点を印象付けるようにします。

指導内容①「歌舞伎の舞台構造」

花道，廻り舞台の映像を視聴します。「花道」は歌舞伎独自のもので、生み出した先人たちの独創性には感嘆します。「廻り舞台」も優れた機構ですが、「多用しない」という点が美学としてあり、このようなことも「伝統文化」を学ぶ上で意味があることだと思います。なお、舞台転換の際に「柝」が鳴ることに気づかせます。

　　使用する映像の演目（参考）
　　　　花道
　　　　　「仮名手本忠臣蔵　四段目」より　　　花道は廊下

「俊寛」　　　　　　　　　　花道は波打ち際
　　　「妹背山女庭訓　吉野川の場」　花道は川の両岸
　　　「勧進帳」　　　　　　　　　　花道での「飛び六方（六法）」
　　　「伽羅先代萩　床下」　　　　　スッポン
　　廻り舞台
　　　「野崎村」「雪暮夜入谷畔道」
　　その他
　　　「雙生隅田川」　本水
　　　「義経千本桜　四の切」　宙乗り
　　参考：『日本の伝統芸能と和楽器』NHK エデュケーショナル2003　他

　演目には読み方を示しています。読めない漢字を調べる手間を考えてのことですが，我が国の伝統芸能や伝統音楽の学習に際して，漢字の読み方を示すことは大切だと思います。

指導内容②「役者の演技」と「演出」
　歌舞伎役者の演技を視聴します。一人の役者が二枚目，三枚目，悪役などを演じ分けます。テレビドラマや CM にも出演している役者なので，生徒が親しみを感じやすいと思います。

　以上のように，基礎的な知識について実感を伴って理解できるようにすること，及び一度得た知識が後の活動で生かされるようにすることに留意しており，このような点を踏まえて授業の導入部を工夫しているのです。

　答え
　　かぶ（く）　き　くろみす　あいかた　たちやく　くろご
　　さんちょうさんまい　いずものおくに

第2章

7 知識及び技能

伝統音楽の指導における映像の効果的な活用

能「羽衣」

1 まずは「聴くこと」から始まる

　日本伝統音楽を題材とする場合，教科書を開いただけでも写真や解説等，多くの情報が盛り込まれています。これらを生徒の知識として授けることにも学習としての意味がありますが，音楽ですから，やはり音や音楽に触れることから学習を始めることを考えています。
　当たり前のことですが，日本伝統音楽も西洋音楽と同様に音色・リズム・旋律等々の音楽を形づくっている諸要素によりその特徴がもたらされていますので，音楽を聴いて，それらに生徒の注意を向けます。

2 能「羽衣」の授業づくりアイデア

最初は音楽から，次に映像へ
　教育芸術社・教育出版社が共に教科書に掲載している能「羽衣」を教材として「伝統音楽としての能に親しむ」というねらいで学習を進める例です。
　音楽から生徒が知覚しやすい要素は，まず音色だと思います。例えば，生徒は教科書会社作成のCDから地謡の謡と四拍子の器楽の音色を容易に知覚することができるはずです。当然，ここでは楽器は4種類であると理解する必要はありません。それよりも，鑑賞を一度で済ませることなく，「いま聴こえてきた音を確かめるために，もう一度聴きましょう」と繰り返し聴くことの方が大事です。音楽からの確かな知覚が重要だからです。
　さて，ここからです。この音楽が何を表しているのか。映像でこれに迫る

ことができます。そもそも能は現代のように録音・再生という概念すらないない時代のものですから，元来，人が見て楽しむものであった。このことも忘れてはなりません。見るしかないわけです。

　生徒は映像を通して，これが音楽劇であることを知ります。そして，映像角度から地謡と四拍子それぞれの配置やおおよその人数を知ります。

　映像を通してわかったことを生徒同士で交換し，それを先の鑑賞同様，繰り返し映像を見ることによってわかることを明確にすることが大事です。

　映像を見ることで「聴いているだけでは気づかなかったこと」があるはずです。音だけではその気配すら感じることができなかった2人の「舞」の存在です。しかも，彼らは「面」を装着していました。

解説の際も鑑賞を繰り返して

　音楽劇として何を演じているのか。誰もが思うことです。それを明らかにするために，この段階で教科書を開くことも有効ですし，教師が物語の概要を解説することもできます。生徒はこれまで音や映像で接してきたものが「羽衣」という有名な能であることを知ります。目的に応じてCDとDVDとで鑑賞して獲得したひとつの知識です。

　ここで例示した流れではなく，まず教科書を開き，その解説を参考にしながらその都度音楽を聴き，映像で確認しながら先と同様の知識，すなわち，これは能「羽衣」であり，四拍子と地謡と舞がいて……ということを知識として生徒が得ることができます。極端な例では，その都度音楽や映像で確認することなしでも，同様の知識をえることが可能です。

　しかし，その知識は主に活字からのものであり，ほかには教師の言葉によるものです。音楽の特徴，さらには音楽のよさを生徒に実感させることが可能なのは音と音楽のみ，「答えは音楽にある」ということを，いかなるときも指導者は忘れてはならないと思います。まずは，音楽が教室に鳴り響かないと何も始まらない。これが音楽学習です。

　これは能であり「羽衣」という演目であると生徒は知りました。中学生で

は，可能なら，もう少し学習を深めたいものです。

　先と同様に映像を見ながら，今度は生徒の知的好奇心に期待します。そのためにもまず，幾度かの鑑賞を通して，地謡の「あずま遊びの数々に……」など，音楽の一節が表現できるようにし，同様に，動作の手真似のレベルでもよいので四拍子のそれぞれ，太鼓・大鼓・小鼓・能管（これは構えだけ）のリズムを奏でるようにしておき，先の一節を唱えてみます。生徒はその演奏に格闘するがごとく苦労し，時に爆笑で終わることでしょう。

どうやってタイミングを合わせているの？

　再び，映像に戻ります。ここでさらに衝撃的な事実を知ります。これは教師のちょっとした発問がきっかけです。「四拍子と地謡はどのように合図を送り合っていますか？」でよいわけです。生徒は彼らがどのようにタイミングを合わせているのかに注視します。

　ところが，タイミングを合わせている様子が確認できないばかりか，そもそも，合わせようとしているのかも疑わしいことが演奏の様子からわかります。「彼らは一度も目を合わせない」など，生徒からの意見は興味深いはずです。

　ここで「さきほど，私たちが演奏したときには取り入れなかったものが彼らの演奏にはまだあります」と教師がたたみかけ，それを探すために再度，映像を見ます。あえて音源だけに戻すことも有効かもしれません。

　それにより「いやぁー」「やっは」など独特のかけ声に気づくことができれば，「まだ，そんなことも加えなければならないのか！？」と生徒は驚くことでしょう（実際には，このかけ声が演者たちにとってのきっかけですが……）。能では，このうえ音楽と舞との総合的な融合も図られています。

　ここまでの学習の流れで能についての理解が，学習を経る前に比して，ある程度進みます。それは西洋音楽に接するときと同様，音楽を形づくっている要素に着目して，音楽を聴くことにより始まった学習でした。映像による確認も交えて生徒がえた知識は，常に音楽経験を通してのものです。特に，

先に挙げた「東遊びの数々に……」の場面の音楽は，音色，リズム，旋律，速度，強弱，テクスチュアの関わり合いの織りなす見事な音楽であり，聴いていて思わず心拍数があがります。

このように，音楽からの実感の伴う知識であることが音楽学習には非常に意味があります。言うまでもなく，知識は繰り返しの学習（復習）がない限り，次第に忘れるものです。その単なる知識ではなく，音や音楽の鳴り響くなかでえた知識は，仮に，例えば四拍子を何というかを忘れてしまっても，その音は生徒の感情に残る可能性があります。それも生涯にわたり。それが何にも替え難いことです。

ここで述べたことは，第3章において事例として提示しています。

3 教師も積極的にホンモノに触れて

最後に，日本伝統音楽の文化的側面についてです。能のほかに歌舞伎もあります。当時の庶民が歌舞伎を見たいと思う場合，興行している場に足を運ぶしかなかったわけです。考えてみれば，それは大変に強い思い，熱い思いの要することです。決して豊かとはいえない人々の生業と生活の中で，結果的に人々が今日まで伝えてきたものです。当然，文化としての重みもあわせもつものです。現代に生きる生徒もまた，次の世代に日本伝統音楽のよさを，素晴らしさを，凄さを伝えていく存在です。音楽学習の経験から湧きおこる思いを他者に伝えるだけでなく，いつの日か，能楽堂で「羽衣」を鑑賞して欲しいものです。音楽科での学びを生かして能に親しむことができたら素晴らしいことです。

そのためにも，音楽科教師もまた，自らが心より能楽・歌舞伎等を愛で，自らの思いに突き動かされて指導にあたることが重要です。ですから「今日は日本伝統音楽を学びます」と生徒に言わずに「今日は能楽を学びます」と告げましょう。ベートーヴェンの音楽についてわざわざ「今日は西洋の古典派音楽を学びます」と言いませんから。

第2章

1 思考力，判断力，表現力等

歌詞の意味に即した表現の創意工夫

「夏の思い出」

1 歌詞の意味を学習するタイミング

　歌唱の学習においては歌詞の意味に即した表現の創意工夫が盛んに行われていることと思います。学習指導要領には以下のような指導事項があります。

> イ　次の（ア）及び（イ）について理解すること。
> （ア）曲想と音楽の構造や歌詞の内容との関わり

　ところで，「さて歌詞の意味を考えてみましょう」とする発問をどのようなタイミングで行うのか。これは様々であることでしょう。例えば，発声練習を終えて教科書を開く。「これから歌う曲は『夏の思い出』です。歌詞がとても大切な曲なので，まず歌詞を読んでみましょう」と，学習のごく初期段階でこの歌詞の学習に進む授業もないとは言い切れません。
　しかし，この例だと，教師の方から一方的に「歌詞の意味を考える」「歌詞が大切な曲なので歌詞を考える」と伝えられ，指示されていることになります。そもそも，なぜ「歌詞の意味を考える必要があるのか」「歌詞が大切なのはなぜなのか」ということに生徒自身の納得がありません。ということは，学習としての必然性が乏しいということです。

2 「夏の思い出」（江間章子作詞,中田喜直作曲）の授業づくりアイデア

　「夏の思い出」は，歌詞の意味をふまえて，創意工夫をすることに適した

楽曲であることがわかります。そうであるならば，なおのこと，その必然性を生徒に実感させ，自然な学習の流れから歌詞の学習に進めたいと思います。

「指導のねらい」は「歌詞の意味から情景を思い浮かべて歌う」です。
以下，創意工夫に焦点を当てた学習を構成しました。

学習内容①「響きのある声で二部合唱」
　このように定めます。そして，それを達成するための学習活動は以下の3つです。

　①「(響きのある声にするための) 発声練習」
　②「(二部合唱にするための) 読譜」
　③「(二部合唱に慣れるための) 合唱練習」の3つです。

　この学習内容が達成できたことを見とった後，以下の学習内容を定めます。

学習内容②「音楽記号の意味に即した表現の工夫」
　この達成のための学習活動は以下の3つです。

　①「音楽記号の付されている位置とそれぞれに意味の確認」
　②「音楽記号の意味に即しての表現の工夫」
　③「工夫のあるなしによる表現の違いを感じ取る」

　ここまでの学力に基づき，最終段階の学習内容を定めます。

学習内容③「音楽記号と歌詞の意味との関係をふまえて表現を創意工夫する」
　これを達成するための学習活動は以下の3つです。

① 「なぜ，この楽曲にはこのように音楽記号が数多く記されているのか？を考える」あるいは，より具体的に「クレシェンドの直後に，突然ピアニシモが付されているのはなぜか？を考える」
② 「音楽記号が付されている箇所は歌詞の意味の強調や情景を表現するためだと気づき，歌詞の意味を考え，それが表す情景を思い浮かべる」
③ 「情景を思い浮かべながら二部合唱する（技能面の学力も含めて）」

　ゴールとしては生徒が情景を思い浮かべながら，「夏の思い出」を二部合唱するわけですが，例えば，表1に示した箇所では，ある時点までは情景を思い浮かべずに「だんだん強く！」「とても弱く！」と歌っていたことになります。

　それが例えば，音楽記号がそこに付されていることの意味と歌詞の意味とを重ね合わせる学習を経てからは「だんだん景色が広がります（クレシェンド）」「水芭蕉がひそやかに咲いています（ピアニシモ）」というように，音楽のとらえ方が大きく変わります。

みずばしょうのはなが 「だんだん強く！」	さいている 「とても弱く！」
みずばしょうのはなが 「だんだん景色が広まります」	さいている 「花がひっそり咲いています」

表1

3　歌詞の意味の学習には必然性が不可欠

　表1に示したものは，あえて歌詞の学習を授業の構成のうえで終盤にもっ

てきたことによるひとつの実りです。「どうしてこの曲にはこんなに音楽記号が数多く付されているの？」という，当然といえば当然の発問を契機に，「それには歌詞の意味が関係しているんじゃないか？」「ならば歌詞の意味をもっと知らなければ！」という自然な思考経路を経て，生徒自身が歌詞の意味の大切さに気づいていることになります。

　述べたように，学習の初期段階から歌詞で歌ってきてはいます。歌詞で歌いつつ，それはある意味で深く考えずに言葉を並べていただけとなります。ただ，そのような歌い方は考えてみればよくあることです。

4 いつまでも「もっと弱く（強く）」と言わない

　これは「夏の思い出」の例ですが，もちろん，学習の早い段階で歌詞の意味を学んだ方がよい歌曲はあると思います。そうであっても，大切なことは，音楽の表現上の工夫を語り合うときに，いつまでも「だんだん強く」「とても弱く！」というように，音楽の諸要素を表す言葉に終始しないということです。音楽表現の創意工夫では，音楽記号と歌詞の意味合いなどの相互の関係性から音楽の表す情景を汲み取り，「壮大に！」「朝日が昇るように！」などの比喩的な表現で，自分たちが表したい音楽について語ることにも意味があります。音楽を表す言葉は多様であると知ることです。音楽鑑賞はもちろんですが，表現したい曲想を自らの言葉で語ることのできる生徒を育てたいものです。歌唱では，そのような学習が可能なのですから。

　ここでは歌詞の内容に着目する必然性に焦点を当てて説明しましたが，実際の指導では他にも様々な学習内容を盛り込み，生徒の動機づけを図ります。第3章ではこの「夏の思い出」を教材にそれを例示します。

第2章

2 思考力，判断力，表現力等

実感が伴った表現力の育成

「浜辺の歌」

1 表現の向上に欠かせない拍のまとまりへの意識

　ここでは拍のまとまりに意識をおいてみたいと思います。拍のまとまりの意識により曲想表現が大きく変わる8分の6拍子を例に考えてみます。
　知られているように，この拍子は3拍ずつをひとつに感じ取り，1小節を2つのまとまりに感じ取りながら表現することが一般的です。そのことを理屈で説明することも可能です。黒板に8分音符を6つ並べて，それを3つずつ囲んでしまえば，極端な話，それで済んだことになります。しかし，音楽学習では，やはり実感が欠かせません。では，どのように進めるのか。以下が一例です。

2 「浜辺の歌」（林古溪作詞，成田為三作曲）の授業づくりアイデア

　教材としては「浜辺の歌」を取り上げ，ねらいを「拍のまとまりを感じ取りながら表現を工夫する」とします。
　まず，生徒はすでに本楽曲を歌えるようになったとしておきます。教師は以下の発問をします。

あえて6拍子の6つ振りをしてみる

　T：この曲は何拍子ですか？

教科書で確認すればすぐにわかりますので「6拍子」と生徒は答えます。

T：6拍子の指揮はどのようにするかわかりますか？　　S：……。

　ということで，教師が見本を示しながら6拍子の指揮の練習をします。
指揮に慣れてきた時点で教師はさらに発問をします。

T：それでは，次は誰かに指揮者になってほしいと思います。この曲の指揮
　をしてください。

　指揮者が現れて，その指揮で「浜辺の歌」を歌います。当然，歌いづらく
なり，指揮者もつらいと思います。待っていました！とばかりに教師が発問
します。

T：おかしいですよね。この曲は6拍子なのに……

予備学習として3拍子のひとつ振りをおさえておく

　さて，ここからがポイントです。「なぜ6拍子の指揮では歌えないのか」
を教師が解説してしまうのではなく，例えば授業の冒頭，常時活動の一環の
ように以下のような活動を取り入れ，拍子の学習に布石をうっておきます。

T：今日は最初に拍子の勉強をします。思いつく拍子を答えてください。
S：2拍子　　S：4拍子　　S：3拍子
　ここで「5拍子」や「6拍子」が出ても慌てることはありません。

T：では，それぞれの指揮をしながら拍子を実感してみましょう。

　このときに，それぞれの拍子の音楽を流すと，よりそれぞれの拍子と指揮

の仕方とが実感しやすくなります。もちろん，先生がピアノで楽曲を奏でるのもひとつの方法です。ここでポイントがあります。3拍子です。

T：もうひとつ3拍子の曲です。指揮をしましょう。

　ここでは速い3拍子を聴きます。当然，直前にはできていた3拍子の指揮ができません。例えば，作品64のワルツから「小犬のワルツ」（ショパン作曲）が挙げられます。

T：指揮ができませんね。3拍子なのに。　　S：速すぎる！
T：では，もう一度聴きますので，今度は先生も指揮をします。それをよく
　　見ていてください。

　先生は楽曲の始めの辺りでは忙しく頑張って3拍子の指揮をする身振りをするものの，途中から，いわゆる「ひとつ振り」に変えます。
　結果的に，速い3拍子は，このようにひとつにまとめて指揮をすることを生徒は学びます。ひとつ振りで，先ほど破たんしてしまった速い3拍子曲の指揮をやり直して，そのまとまりを実感しておきます。
　これが，「6拍子のなのに，指揮をすると歌うことができない！」の前に打っておくとよい布石です。以下の発問を参考にしてください。

すでに学んだことにヒントがあることに気づく
T：授業の始まりに拍子の勉強をしましたね。その中に，この6拍子を自然
　　に指揮できる方法のヒントがあると思うのですが……

　1分間でよいので生徒同士の話し合いをもちます。
　そののち，生徒の中から「3拍子のときに3拍をひとつにまとめることをしたので，6拍子でもその考え方を応用できるのでは？」というアイデアが

出るのを期待します。仮に，これが叶えば素晴らしいと思います。

実感の伴う学習とする
　T：ではどのように指揮をしますか？

　　指揮の仕方を考えます。この段階では，指揮の正確さ云々が重要なのではなく，拍のまとまりを実感することの方がはるかに重要です。全員で2つ振りを練習し，大きな2つのまとまり，しかも，そのそれぞれが3拍という，いわゆる音楽が前に進む推進力のようなものを内包するリズムですので，それを実感します。
　　もう一度，指揮者を立てて表現をし直すと，先ほどとは比べものにならないほどの歌いやすさとなることでしょう。6つ振りの指揮による流れの停滞というか，ぎこちなさと，2つ振りによる気持ちのよい流れ，さきほど推進力と述べましたが，それが1小節に2つあることによる音楽の流れが実感できるころ，歌詞の意味に改めて触れておきたいと思います。

拍のまとまりの実感に加えて歌詞の意味との関連も忘れてはならない
　　ご存じのとおり，1番の歌詞に綴られている「風の音」「雲のさま」そして，2番での「寄せてはかえす波」いわゆる，大自然の中にあって，一定ではなく流れるものが表されています。そのそれぞれの歌詞の意味を考えながら指揮をしたり，体を自然に揺り動かしたりすることで，歌というものは拍のまとまりの実感だけではなく，歌詞の意味に即して表現の仕方を考えると，より表現が深まるということも実感することができます。
　　拍のまとまりなどは，音楽的に実感しないと音楽的な理解となりません。複合拍子の解説などの理屈より先に，頭の中に音楽が流れるようにすること。このことを大切にしたいと思います。とりわけ，歌では，歌詞から思い浮かぶ情景と拍のまとまりとが自然に馴染むように工夫することで，それらを意識しない場合と大きく表現が異なることを実感できればよいと思います。

第2章
3 思考力，判断力，表現力等

有節歌曲における表現力の引き出し方

「荒城の月」

1 有節歌曲と通作歌曲

　歌曲には大きく分けて有節歌曲（例えば歌詞が3番まであってもすべて同じ旋律で作曲されている）と通作歌曲（歌詞が3番まである場合，そのそれぞれに即した旋律で作曲されている）の2種類があります。有節形式，通作形式と呼ぶこともあり，前者でいえば「赤とんぼ」（山田耕筰）「早春賦」（中田章）「荒城の月」（滝廉太郎），後者では「魔王」（シューベルト）が思い浮かびます。

　これらのほか，有節形式のようでいて，部分的に通作形式の書法で作曲されている曲もあり，代表的なのは「冬の旅」（シューベルト）の「菩提樹」です。これは，歌詞のある歌ならではのことでしょう。シューベルトは歌詞からえたインスピレーションから「そのようにした」だけの話です。

　さて，先の有節歌曲を教材とした学習では，その曲想表現の創意工夫に生徒は戸惑うはずです。「メロディは全部同じでしょ？」と。しかし，そうであるからこそ，学びの深まりも期待できます。

　曲想表現の創意工夫では，楽譜上に記される音楽記号や歌詞の意味が生徒にとってヒントになると思います。もちろん，作詞者や作曲者の思いや意図も参考にはなりますが，その思いや意図に生徒が共感するかどうかはわかりません（教師がこのように理解しましょうとすることは可能ですが，あまりお勧めできません）。

　曲想表現の創意工夫という意味では，歌詞の意味は重要な要素になります。歌詞に旋律が付されていることにより，その言葉に込められたメッセージが

音楽によって，よりわかりやすく強調されます。

2 「荒城の月」(土井晩翠作詞，滝廉太郎作曲)の場合

同じ旋律にどのように変化をもたらすのか

　さて，言葉に込められたメッセージが感じ取れても，有節歌曲の場合，先に触れたように，「同じ旋律で，どのように創意工夫をする？」というハードルがあります。

　例えば，歌詞の意味を分析したところ，1番（希望に満ちている）2番（現実は甘くない）3番（夢は破れた）という歌曲があったとします。少々，極端な例ですが，これを同じ旋律（ハ長調）で歌う場合，いったい，どのように創意工夫をしたらよいものか，生徒は悩むことでしょう。

　「荒城の月」を例に，表現の創意工夫について考えてみます。

　一般的にいわれていることとして，栄枯盛衰をあらわす味わい深い歌詞です。「古城」と「月の光」を主役として，絶妙なわき役である「松の枝」が現れ，やや唐突な感じでありながら「地に突き刺さる剣」。ある意味で，ただならぬ状況を表わすその剣に，やはり「月の光」が照りかえす……。その月の光は栄え廃れた変化とともにありながら，今も変わることなく夜半に天上にある。このように，長い時の流れを見渡しての事象の変わりように人の心を映し込んでいます。

　滝廉太郎はこの曲を有節歌曲として作曲しているわけです。制約の中から湧きおこる美学に触れるという意味で，絶好の教材となります。余計なものがそぎ落とされ，残された限られたものの中で表現せざるをえない能楽のようでもあります。

　では，この1番から4番までの詩の世界観をどのように生徒は表現するのか，そのそれぞれにどのような創意工夫を盛り込むのか。

　同じ旋律という制限があるからこそ，工夫のしがいがあるというか，その工夫が，生徒の深い洞察に基づく可能性も期待できます。歌の始まりを考え

ただけでも，多くのアイデアが出てきそうです。

　まず，華やかな春の宴を表す１番をどのように歌いだすのか。反して，秋になって，１番では思いも寄らなかった疲弊しきったような様相の２番の歌い出しをどのようにするのか。３番になり，いま，目の前にふりそそぐ当時と同じ月の光を見ている心情，それをどのように表現するのか。現在に身をおきながら目の前の荒城にふりそそぐ月の光を目の当たりに栄枯盛衰のあわれを表す４番をどのように歌いだすのか。

創意工夫の手立て

　その創意工夫の手立てとして，歌詞の意味に即して速度を速める，遅くする。あるいは，音を強めたり弱めたりする。突然，弱めてみて密やかな感情を表す。逆に，突然強めて感嘆詞「ああ」を表す。そして，声自体を変えてみる。このようなことを生徒自身が歌詞の意味合いから思い描くことができたら，それをどのように表現したらよいのか，その思いや意図どおりの表現にするにはどのようにしたらよいのかの学習を進めます。

楽譜から読み取れることから

　一方で，楽譜から読み取れることに目を向けることも学習として大切です。これには非常に客観的な裏付けが生じてきます。

　４番では，歌いだしの歌詞が「天上影は（てんじょうかげは）…」になりますが，この部分に旋律を当てはめると，ここでの最高音に，下線部で示した言葉の第一音節があたることになります。これは１番～３番ではなかったことです。

　客観的な事実として，その例外をどのように解釈して表現に生かすのか，または生かさないのか，自然な表現を求めるなら４番のみは，ここに音としての比重がかかることになります。

　反して，１番から３番までは最高音でありながら，その音に比重をかけ過ぎないという難しい表現も求められることになります。

同様のことは２番の歌詞の途中の「鳴きゆく雁の（なきゆくかりの)」などにも言えることで，これも言葉の第一音節がここでの最高音に当たります。これ以外は，すべて第一音節以外の言葉が最高音ですから，先の例と同様，最高音であるがゆえの表現に注意を要する箇所になります。

教師の適切な距離の置き方

　これらのことは生徒が自ら気づくことができるわけではありません。とはいえ，すべて教師が伝えてしまうのも生徒自らの可能性を無視してしまうことにもなりますので，最高音の歌い方に生徒の注意を向け，その表現の仕方の例を複数挙げて，本来はどちらが自然なのかどうかをたずねるなどのヒントを示すことも必要ではないでしょうか。

　示したように有節歌曲という，ある意味での制限とも思える形式の中で，生徒にはその表現の創意工夫について，自らの知識を生かして向き合い，考え，迷う局面が期待できます。教師の適切な距離の置き方により，彼らの思考力や判断力を最大限に引き出し，それに基づく表現力に結びつけることが叶えば，音楽の素材を最大限に生かした学習といえるのではないでしょうか。

第2章

4 思考力，判断力，表現力等

思考し判断する機会をつくる教師の発問①

「アッピア街道の松」

1 発問は授業を決する

　発問は難しい。そのひと言を言わなかったがゆえの授業の混乱，どうしてそのひと言をいってしまったのかと悔やむ，いわゆるネタバレの授業。

　発問はいわば精密機械のようなものです。予め吟味され，用いる語，語順，文章としての長さに至るまで生徒の理解に適うように周到に考え抜かれたもののはずです。音楽学習においても，それは同じです。とりわけ鑑賞指導では，一言ひと言に，学習内容を提示・暗示していく機能があります。

2 「アッピア街道の松（ローマの松より）」(レスピーギ作曲)の授業づくりアイデア

　「アッピア街道の松」という楽曲を教材として，この発問について考えてみたいと思います。

　この楽曲は朝霧の立ち込めるローマのアッピア街道を遠くから古代ローマの兵士が行進してくる様子を表わしているとされています。

　授業のねらいを「近づいてくる様子を表している音楽の雰囲気を感じ取る」として，以下のように授業を始めてみます。

T：これから行進曲を2曲聴きます。遠くから近づいてくると感じるのはどちらですか？　1曲目をA，2曲目をBとします。
　♪A「星条旗よ永遠なれ」（スーザ）の冒頭部分を30秒くらい聴く。
　♪B「アッピア街道の松」の約2分を経過した辺りから30秒くらい聴く。

T：遠くから行進が近づいてくると感じたのはどちらですか？　　S：B。

　「それはどうしてなのか？」と，生徒にたずねる必要があります。「弱い音からだんだん強くなってきて，それが近づいてくる様子だと感じた！」「行進の足音が聴こえた（ティンパニの連打）などが挙がることを期待します。
　さて下線部に注目です。「行進曲」と言ってしまいました。答えを告げたようなものです。しかし，ここでもし以下の発問をしたらどうなるのか。
　「これから聴く音楽はどのような様子を表しているのでしょうか？」
　聴いた音楽から生徒の気づきや発想を自由に求めていることになり，生徒は思考力を働かせることになります。けれども，この発問を受けての生徒の発言は様々なものになる可能性があります。中には「行進曲？」「遠くから何かが近づいてくる？」と核心に迫るものもあるかもしれませんが，感じ取り方を自由に求めているので，生徒の発言が「行進曲」と「近づいてくる」に集中するとは限りません。
　この学習のねらいは「近づいてくる音楽（行進）の特徴」ですから，可能な限り，そのねらいの核である「近づいてくる音楽」に迫り，そこからその特徴なり雰囲気の感じ取りに時間をかけることの方が重要なのです。
　行進曲を２曲聴く意図は「星条旗よ永遠なれ」との対比から，この「アッピア街道の松」の大きな特徴である，弱音からのクレシェンドで距離感のようなものを表している曲想を知覚しやすくするためです。
　この後ですが，「アッピア街道の松」を主教材として授業を進めます。波線部で示したように，楽曲の冒頭から聴いていませんので，いよいよ冒頭部から聴きます。なぜ，冒頭部分を聴かなかったのか。それは，冒頭部はかなりの微弱音ですから，それを最初に鑑賞するのは難しいと判断したことと，あえて冒頭部を後に回すことにより，以下のような発問が可能になるからです。

T：実はこの曲を途中から聴いていました。これから曲の始まりから聴きま

す。遠くから近づいてくると皆さんが感じたこの曲，どのくらい遠くから近づいてくるのか？聴いた音楽，音からそれを感じ取ってください。
　♪冒頭部分から聴く

　この微弱音から，かなりの距離感を感じ取る生徒が多いはずです。あくまでも生徒自身が，聴こえてくるその音から知覚するものです。
　ここで教師は，以下のような発問でもよかったはずです。

T：みなさん，Bが遠くから近づいてくると感じたようです。実をいうと音楽の途中から聴いていました。改めて最初から聴いてみます。とても弱い音から始まります。ということはどのような距離感ですか？
S：結構，遠い！
T：では音に気をつけて，よく聴いてください。
　♪冒頭部分から聴く

　一見，生徒の気づきを引き出したようにも思えますし，気をつけて聴く理由づけもなされていますが，先の例とは異なり，この発問だと「先生の言ったことが本当かどうか？」の聴き方になります。
　ここに発問の難しさがあります。発問はまさに，生徒の思考力・判断力を最大限に活用させるための機能を備えています。それを忘れて，次の学習活動を引き出すためだけの発問になっていることも少なくないと思います。
　教師が本来の発問の機能を存分に生かし，教室に鳴り響く音楽に生徒が耳を澄ますきっかけをつくることで，その思考力と判断力が活性化され「ん？結構，遠いぞ……これは。顔が見えないどころか，人かどうかもわからないような距離から近づいてくるぞ！」というような思いを引き出すのと，「ほんとーだ！　先生の言うとおりだ！」にとどまるのとでは決定的に違います。
　かなりの距離感から行進が近づいてくると知覚できた辺りで，曲名を告げ，作曲者がこの曲に込めた思いも紹介します。

学習はいよいよクライマックスです。次のような発問をなげかけます。

T：今また音楽を途中で止めてあります。かなりの遠くから近づいてきたこの行進，この先どのようになるのか？　音楽を聴いて感じ取ってください。
　♪最後まで聴く

　ご存じのように，この曲では，それまで終始刻まれていたティンパニの連打が止み，音量が極限にまで達して終止をむかえます。

T：音楽はどうなりましたか？
　これがここでの発問です。ところが，ついつい次の発問をしがちです。
T：どのような情景や様子が思い浮かんだかを教えてください。

　この部分を聴く前に「この先どうなるのか？」と発問しています。「どんな情景や様子？」ではありません。よって，ここではまず，音として音楽としてどのようになったのか？　つまりは，開始時の音からは想像もつかない大音響で終わったことが確認できれば，それでよいわけです。もちろん，この段階で生徒が情景を語り始めたら，それはそれで尊重したいものです。そして，「なぜ，そのように感じ取ったのか」を確認することも忘れてはなりません。その感じ取りをもたらしている要素が何であったのかの確認です。
　最後に，この「近づいてくる様子」ですが「迫ってくる様子」とすることも可能です。しかし，そうなると心理的な側面に関わることになります。前者は物理的な距離感のことです。やはり，どちらが客観的かというと当然，前者です。近づいてくる様子を感じ取ることができるのは「微弱音からのクレシェンドという要素を知覚しているから」という，知覚と感受の関係性が説明できます。それに対して「迫ってくる様子」ですと，必ずしも，微弱音からのクレシェンドでは，その思いを説明しきれないはずです。発問はこのような言葉の妙にも留意する必要があります。

第2章

5 思考力，判断力，表現力等

思考し判断する機会をつくる
教師の発問②

「魔王」

1 当然と思っていることに注意が必要

　音楽科教師はその養成課程で音楽科指導に必要な知識・技能を身につけ，教師としての能力を備えていきます。
　その知識や技能ですが，思う以上に専門的であり，高度であることを音楽科教師自身が気づいていない場合があるのではないかと思います。
　例えば，オーケストラの練習中，指揮者が奏者に「2拍目のGisが少し低いですよ」と指摘することなどはごく日常的なことです。ところが，音楽を専門に学んだわけではない多くの人にとり「Gisって何？」ということにもなります。また，それがソのシャープのこととわかっても「ソのシャープはソのシャープでしょ？　それが低いってどういうこと？」という疑問をもつ人もいると思います。そしてそれはもっともです。仮に，ソのシャープの音高は必ずしも一定ではないと知った場合でも，発せられた音の高い・低いを瞬時に聴き分けられることに，さらに驚くのではないでしょうか。
　例示したものはオーケストラですが，音楽科教師も先ほどの指揮者の指摘に何ひとつ疑問をもつことはありません。専門的な知識を習得し，さらには，個人レッスンを含めての専門家による教育により，高度な技能を身につけてきているわけです。
　学校に赴任して生徒を指導する立場となったとき，当然のことながら，自らの養成課程では普通だと思っていたことを生徒にそのまま指導することはできません。専門的な知識や技能を生徒にわかりやすく伝えるということに意識をおく必要があります。それも本人が思う以上にです。以下，「魔王」

を例に説明します。

2「魔王」(シューベルト作曲)の授業づくりアイデア

4人の登場人物をおさえないで学習を進めることもできる

　「魔王」(シューベルト)の学習では「4人の登場人物」がはずせない注目点だと思います。登場順に「語り」「父親」「子ども」「魔王」ですが，音楽科教師のほとんどがその養成課程などで4者の違いのわかる演奏に接してきていることでしょう。しかし，4者の音色が異なり，これらが聴きわけられることが，そもそも当たり前なことではないことに留意する必要があります。そして，そのことが指導の1つのポイントにもなりえるのです。

　「魔王」で声の聴き分けが可能なのは，歌手がその技能を駆使して巧みに4者の表現を変えている（工夫している）ことによるもので，「魔王」という楽曲が，登場人物の4人の違いを表現するような仕掛けを様々にもっていることに，歌手や伴奏者がその表現力で対応している（触発されている）ということになります。

　ということは，例えば「次に聴く曲は4人の登場人物が現れます。よく聴いてください」という発問ではなく「次に聴く曲では歌っている人が時々，その歌い方を変えています。よく聴いてください」とするか，その前の段階からスタートして「これから歌を聴きます。歌っている人の歌い方はいつも同じでしょうか？」という発問の方が実情に沿っていることになります。

　学習という視点からこのことを考えてみると「4人の登場人物がいる」と告げてしまう場合と，それを告げないで，まず歌手の歌い方に着目させる場合とを比べた場合，前者ではすぐに知識として入ることが，後者では「あれ？　歌い方が変わったぞ？」という生徒自らの知覚から学びが始まります。その後，教師の導きにより「どうして変えているのだろう？」という，まさに思考力を働かせる段階に進み，「意図的に歌い分けている」「歌い分けているのは人の言葉（台詞）だ」という気づき，教師の助言も含めて，最終的に

4人の登場人物に辿り着くわけです。勿論，日本語ではなくドイツ語で聴きます。歌詞がわかってしまえば，これらの学習はできません。

この段階では，どれが誰なのかにこだわることは，あまり意味のないことです。より学習を進めた段階で，もっと自然に，どれが誰なのかとおさえることはいくらでもできるからです。

発問の内容は一回にひとつが原則

この学習の初期段階で教師が留意すべきなのは生徒にまず知覚して欲しいことが何であるのかを明確にすることと，それからぶれないことです。実際には，音楽を聴くことをきっかけに生徒の思考力が自然に引き出されるように仕向けていきますが，聴くべきことの焦点化に注意を払います。誰もが同じことを同じように知覚することは実に難しいことだからです。

例えば，「歌い分けている」ということと「それがなぜなのか？」を一度に考えさせることは難しい課題です。「歌い分けているに気づく」でも，それはかなりの集中力を要することです。それに加えて，「それがなぜなのか」を考えることは教師から要求してはならないことです。

歌い分けているということをすべての生徒が知覚できた後に，いよいよ，「それがなぜなのか？」を考える学習に進みます。第一歩として，教師は選択肢を挙げるなどして「これは人物の言葉（台詞）だ」と気づかせたうえで，それぞれ何者なのか？に迫っていきます。その段階でも一気に4人を告げることは生徒の思考の機会を奪います。例えば，以下の発問で進めます。

T：この曲の題名は「魔王」です。聴いているなかのどこかに魔王が現れているわけです。まず，どれが魔王かな？ということに注意して聴きましょう。♪

音や音楽から明らかになることは意外とある

聴こえてくる音や曲想から生徒は「どれだろう？」「これかな！　いや違

うな？」と考え悩むことでしょう。これこそが音や音楽に触れることで自然と湧き上がってくる音楽学習での思考です。教師は音楽のもつ力を借り，それを生かしたに過ぎないわけです。
　先の発問は基本的に「自由に感じ取ってごらん」と同義ですから，生徒が魔王と思ったものが実は違っても問題ではありません。さらに音楽を聴くことによって正しい認識に絞り込めば済みます。そこで，ここでは子どもに目を向けます。以下の発問です。

T：魔王がどの部分か？を一旦おいておきます。この曲には「子ども」も登場してきます。もう1人，父親も登場します。場面は夜の森なので，さすがに子ども1人はありえませんね。さて，今度は「子ども」がどの部分か？ではなく，先生が子どもの部分になったら皆さんに合図をして教えます。つまり，その部分が子どもです。♪

　ここでは先の魔王と異なり，子どもが登場する部分を教えてしまいます。つまり，生徒が思考する機会はありません。ただし，厳密にいうと，思考する機会を温存しておくということでしょうか。次の発問がきっかけです。
　ちなみに，ここで父親も含めること，先に述べたとおり生徒の混乱をまねくだけですから，ここではやめます。

T：もう一度，聴きます。今度は子どもの歌い方がいつも同じかどうか？このことに気をつけて聴いてください。♪

一度にひとつを知覚
　ここで大事なことは「子どもの歌い方がどのように変わっていくか気をつけて聴いてください」には一気に進まないことです。「同じかどうか？」に聴く焦点が定まったうえでの鑑賞を行うと，「違う」と知覚し易くなります。
　直前の活動で「子ども」が登場する場所がわかっているから可能になる活

動であることも忘れてはなりません。ですから，教師は子どもが登場する正確な場所を一気に伝えておく方法を採りました。
　「違う」と生徒が答えると，教師は次の発問をすることができます。

T：違う……と皆さんは思うようです。違うということは変わっていったということでよいですか？（S：うんうん）では，どのように変わるのか，今度はそれに注意して聴きましょう。♪

聴いている音楽からわかること（この繰り返しだけでも学びを実現できる）

　聴いた後に交わされる生徒の言葉は「音がだんだん強まる」「迫力が増す」「エキサイトしていく」など，子どもの怯えを薄々感じ取り始めることでしょう。それでも歌詞がわかりませんので確信はもてません。しかし，確信はなくとも，子どもの歌い方の変化に着目することで，かなりよいところまで達することが可能です。さて，ようやく「それがなぜなのか？」になります。
　ここで一旦，生徒同士でアイデアを出し合うのもよいでしょう。この段階で生徒がわかっているのは「魔王」「子ども」「父親」のみですが，「子どもの前に，"誰が何をいっているのか"がポイントでは？」ということに気づく生徒なりグループがいれば，それを取り上げ理由をたずねます。
　「前の誰かの言葉を受けて子どもの歌い方は変わっていると思うから」のような意見が出された場合，ストーリーも登場人物も把握していない段階で，ここまで辿り着いたことをほめるべきです。生徒が教師の助けをほとんど借りずに，まさに鳴り響く音から，思考し判断したものです。
　この後，子どもの前が「魔王」なのか「父親」なのか，感じ取り方が分かれることでしょう。優し気な魔王の歌い方に惑わされるからです。それでも，ひとつ聴いてはそこからわかることを基に学習を進めると「魔王」「父親」の区別も明確になります。仮に，どうしても区別がつかないときは，もちろん教師が明確に伝えます。生徒自身が他にも考え悩むことはいくらでもありますので，そのための時間を確保するためです。

第3章

主体的・対話的で深い学びのある音楽授業アイデア

第3章

1　第1学年　歌唱

情景を思い浮かべながら，
思いを込めて歌おう

「夏の思い出」

1　題材の目標

　曲想と音楽の構造や歌詞の内容との関わりを理解し，表現を創意工夫して思いをもって歌う。

2　学習指導要領との関連

A表現（1）歌唱
　ア　歌唱表現に関わる知識や技能を得たり生かしたりしながら，歌唱表現を創意工夫すること。
　イ　(ｱ)　曲想と音楽の構造や歌詞の内容との関わり
　ウ　(ｱ)　創意工夫を生かした表現で歌うために必要な発声，言葉の発音，身体の使い方などの技能

〔共通事項〕との関連
　旋律，強弱，形式ならびにそれら相互の関連

3　教材

「夏の思い出」（江間　章子　作詞／中田　喜直　作曲）

4 学習のねらい

　歌詞が表す情景を思い浮かべながら豊かなイメージをもって表現することを目指す。曲想と音楽の構造や歌詞の内容との関わりを理解するとともに，創意工夫を生かした表現で歌うために必要となる基礎的な技能を身に付け，活動を通じて得た知識や技能を生かしながら思いをもって歌う。

5 指導の計画（全2時間）

第1時
　曲想と音楽の構造や歌詞の内容との関わりに関心をもち，旋律の音のつながりや歌詞が表す情景や心情などを知覚・感受して，思いや意図をもち，曲にふさわしい音楽表現を工夫して歌う。

第2時
　曲想と音楽の構造や歌詞の内容との関わりについて理解を深め，音楽表現の向上を目指して創意工夫し，曲の表情や味わいを生かして歌う。

6 題材の評価規準

観点1：知識及び技能　　観点2：思考力,判断力,表現力等　　観点3：学びに向かう力,人間性等

観点1　曲想と音楽の構造や歌詞の内容及び曲の背景との関わりを理解し，曲の表情や味わいを生かして歌う技能を身に付けている。（第2時）

観点2　旋律の音のつながりを知覚し，歌詞が表す情景や心情を感じ取って，曲にふさわしい音楽表現を工夫し，どのように歌うかについて思いや意図をもっている。（第1時）

観点3　曲想と音楽の構造や歌詞の内容との関わりに関心をもち，創意工夫して歌う活動に主体的に取り組もうとしている。（第1時）

7 主体的・対話的で深い学びをつくる授業づくりのポイント

　「夏の思い出」は歌詞中の語句が比較的平易で内容を理解しやすく，過去の思い出を懐かしむ心情にも共感しやすいため，生徒各自が思いや意図をもち能動的（主体的）に表現することに適しています。図版や映像を使用することによって，より豊かなイメージをもつことが期待できます。一方，強弱や伴奏の変化など，音楽を形づくっている要素とその働きの視点で捉えながら，歌詞の内容について考察を深めるポイントもあり，表現の向上に向けて，各自の感じ方や解釈などを話し合う（対話的）活動を適宜設定することが効果的と思われます（ワンポイント・アドバイス参照）。

8 活動の流れと指導のポイント

	活動の流れ	指導のポイント
第1時	①「尾瀬ヶ原」や「水芭蕉」の映像を視聴して情景の把握を促す。	水芭蕉の開花時期から考えて，楽曲名にある「夏」は盛夏ではなく初夏であることを説明する。 歌唱に先立って，歌詞の表す情景のイメージを豊かにするため映像を視聴する。霧が立っている湿原の様子や，水芭蕉の実際の大きさや群生の様子などを視覚的に理解することができる。
	②第1節を歌詞で歌い，旋律の動きや曲の雰囲気を把握する。	年度内の比較的早い段階で扱われることが多い教材であるため，歌唱の基本的な技能の習得を図りながら進める。

③「はるかなおぜ」（2か所）を中心とする部分的な練習。旋律の動きにふさわしい歌い方を考え，表現を工夫する。	音の動きや歌詞に合わせて旋律に自然な抑揚をつけられるよう，いろいろな歌い方を試しながら進める。「お」のところに少し気持ちを乗せると表情が豊かになることに気づかせる。このような音型はよく見られ，習得した技能は後の活動の際にも応用できる。
④曲の形式を理解する。楽譜を見ながらCDを聴き，二部形式の構造について理解する。	楽曲の構造を学習する。二部形式は，「もみじ」や「ふるさと」など小学校の共通教材や，既習曲の中に多くみられることに気付かせる。以後の教材を扱う際にも説明を加えると，知識がより確実なものとなる。
⑤旋律の動きと歌詞や記号等を意識して，終結部（はるかなおぜ とおいそら）の表現の工夫についてグループ及び全体で話し合う。	二部形式の学習を通じて，終結部が歌詞，音楽ともに「結論」の部分に相当することを理解する。また，第1時③の学習の応用として，同じ歌詞，同じリズムであるのに対して音が跳躍していることに気づかせ，生徒自らがより一層「思いを込めて歌おう」とする意識を高める。初出の記号や用語について説明する。「みずのほとり」のテヌートに関しては，速度を若干緩めるが，「rit.」ではない点に注意する。
⑥第2節を歌詞で歌う。	「におっている」の部分など，第1節とリズムが相違する箇所について確認し，部分練習を行う。 「シャクナゲ」の花の図版を示し，夕暮れ時の空の様子をイメージさせる。
⑦本時の学習内容を踏まえて全曲通して歌唱する。	4小節ごとに伴奏形が変化していることに気付かせる。自然な流れの中で変化しており，歌唱パートとよく調和し，この曲をより味わい深いものにしていることを感じ取らせる。

⑧課題の指示（次回までに各自で歌詞を音読し，語句を確認する）。	生徒が歌詞と向き合い，より深い学びを促すために歌詞の音読を課題として設定する。学習の深まりを図るとともに，充実した歌唱表現を目指すうえで，歌詞の音読は有効である。

	活動の流れ	指導のポイント
第2時	①前時の振り返り。	
	②歌詞の内容を確認する。	前時の課題の成果を確認するため数名を指名して歌詞の音読を行う。 「かげ」「におっている」については誤解が生じやすいため補足説明を行う。小学校の共通教材「さくら　さくら」の歌詞中に「朝日ににおう」，「おぼろ月夜」に「においあわし」，未習だが「荒城の月」に「かげさして」があり，これらと関連付けてもよい。
	③「やさしいかげ」及び終結部を中心とする部分的な練習。曲想と歌詞や記号との関わりについて話し合う。	第8小節（前奏を含まず）は第4小節と旋律型は同じだが，和声の変化と強弱記号が付記されている点が異なっていることに気づかせ，その意図や表現の工夫について考察を行う。話し合いについては時間をかけすぎないように留意する。 終結部については，発音や音を切るタイミングを揃えたり，盛り上がりを感じてしっかり声を出し，思いを込めて歌うことが大切であることを意識させる。十分な成果が見られるまで繰り返し練習する。
	④本時の学習内容を踏まえて全曲通して歌唱する。	

⑤要点を整理して，仕上げの歌唱をする。	
⑥ワークシートに学習の成果を記入する。	

ワンポイント・アドバイス

　第2時の③の「やさしいかげ」の部分は，強弱やピアノ・パートの和声が変化しています。その意図や表現の工夫について考察することは，まさに音楽的な「見方・考え方」を働かせる場面といえるでしょう。

　参考までに，筆者の解釈を以下に示します。

　天候がよければ少し手前から花の存在に気がつきますが，この歌詞の状況では霧が立ちこめているので，何かの存在（やさしいかげ）に気づき，次に続く部分の歌詞（水芭蕉の花が咲いている）から，それが「水芭蕉」であることがわかります。すなわち，この部分の強弱の変化は，「突然の『水芭蕉との出会い』」をより印象強く表すためのものと考えています。

　歌詞の説明に際して，何に基づいたものなのか，あるいは教師の個人的な解釈であるのかを明確に示すとともに，生徒の自由な発想や，考えを思いめぐらすことを妨げないよう十分に留意する必要があります。

第3章
2 第1学年　器楽

輪奏でクラスの和を広げよう

「Dona nobis pacem」

1 題材の目標

音楽の構造を理解し，全体の響きや各声部の音を聴き合いながらクラス全体で合奏し，他者と合わせて演奏する楽しさを味わう。

2 学習指導要領との関連

A表現（2）器楽
ア　器楽表現に関わる知識や技能を得たり生かしたりしながら，器楽表現を創意工夫すること。
イ　(ｱ) 曲想と音楽の構造との関わり
　　(ｲ) 楽器の音色や響きと奏法との関わり
ウ　(ｱ) 創意工夫を生かした表現で演奏するために必要な奏法，身体の使い方などの技能
　　(ｲ) 創意工夫を生かし，全体の響きや各声部の音などを聴きながら他者と合わせて演奏する技能

〔共通事項〕との関連
旋律，テクスチュア，形式ならびにそれら相互の関連

3 教材

「Dona nobis pacem（ドナ・ノービス・パーチェム）」（作詞・作曲者不

明)

4 学習のねらい

　各自で楽器を選び，楽器の音色や旋律の重なりを創意工夫しながらクラス全体で合奏する楽しさを味わう。各自の演奏技能の向上とともに，輪奏曲の構造を理解し，協働して表現を向上させていく活動を通じて，他者と合わせて演奏する技能を育み，音楽によるコミュニケーションを通じてクラスの交流を深める。

5 指導の計画（全3時間）

第1時
　曲想と音楽の構造との関わりに関心をもち，各自が担当する楽器を選び，創意工夫を生かした表現をするために必要となる技能を身に付ける。

第2時
　グループによる創意工夫を生かした輪奏を行い，他のパートの音を聴きながら合わせて演奏する。また，旋律と和声との関わりを考察し，輪奏曲の構造について理解を深める。

第3時
　全員で輪奏を行い，全体の響きや他のパートの音を聴きながら合わせて演奏する。前時の学習を生かし，響きの調和についての意識を高めて充実した表現を目指し，クラス全員が気持ちを合わせて演奏する楽しさや喜びを味わいながら演奏する。

6 題材の評価規準

　　観点1：知識及び技能　　観点2：思考力,判断力,表現力等　　観点3：学びに向かう力,人間性等

観点1　輪奏曲の構造や，担当する楽器の音色や響きと奏法との関わりにつ

いて理解し，全体の響きや他の声部の音などを聴きながら，他者と合わせて演奏する技能を身に付けている。（第2時及び第3時）

観点2 旋律の特徴を知覚・感受し，曲にふさわしい表現を創意工夫して，どのように演奏するかについて思いや意図をもっている。（第2時及び第3時）

観点3 曲想と音楽の構造や，担当する楽器の音色や響きと奏法との関わりに関心をもち，他者と合わせて合奏する活動に主体的に取り組もうとしている。（第1時及び第2時）

7 主体的・対話的で深い学びをつくる授業づくりのポイント

輪唱曲や輪奏曲は，平易な旋律を重ねて演奏することから，音の動きを把握しやすく演奏も比較的容易です。グループによる練習や演奏を通じて生徒が能動的（主体的）に活動する場面や，クラス全体で合わせて演奏する際に楽器の音色や音量を考慮して演奏順序を決めるなど，表現の向上に向けて話し合う（対話的）活動を設定することが可能です。

旋律の一部を担うなど，生徒の技能に応じたパートを演奏することが可能で，クラス全体で合奏することの楽しさや喜びを味わうことができます。

8 活動の流れと指導のポイント

	活動の流れ	指導のポイント
第1時	①「ドナ・ノービス・パーチェム」を斉唱する（譜例①）。	旋律を把握するために歌詞で斉唱する。平和を祈る歌であることを説明する。

譜例①

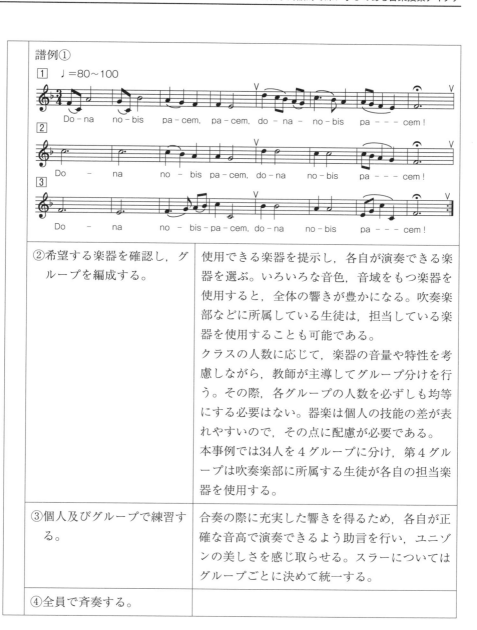

②希望する楽器を確認し，グループを編成する。	使用できる楽器を提示し，各自が演奏できる楽器を選ぶ。いろいろな音色，音域をもつ楽器を使用すると，全体の響きが豊かになる。吹奏楽部などに所属している生徒は，担当している楽器を使用することも可能である。 クラスの人数に応じて，楽器の音量や特性を考慮しながら，教師が主導してグループ分けを行う。その際，各グループの人数を必ずしも均等にする必要はない。器楽は個人の技能の差が表れやすいので，その点に配慮が必要である。 本事例では34人を4グループに分け，第4グループは吹奏楽部に所属する生徒が各自の担当楽器を使用する。
③個人及びグループで練習する。	合奏の際に充実した響きを得るため，各自が正確な音高で演奏できるよう助言を行い，ユニゾンの美しさを感じ取らせる。スラーについてはグループごとに決めて統一する。
④全員で斉奏する。	

活動の流れ	指導のポイント
①グループごとに輪奏の練習を行う。	旋律の音の動きを感じ取り、自然な抑揚をつけるようにする。 他のパートの動きを把握しながら演奏するように助言を行う。
②発表を行い、他のグループの感想をワークシートに記入する。	
③旋律と和音の関わりを分析して、輪奏曲の構造を理解する。	ワークシートを使用して、旋律と和音の関係を考察する（譜例②）。和音構成音に印をつけて、旋律の骨格を形づくっていることに気づかせる。この知識は創作分野で旋律作りの活動を行う際に活用することができる。また、輪奏を行った際に響きが調和するよう、第1小節、第9小節、第17小節など、同時に奏される小節に同じ和音が用いられている点にも気づかせ、輪奏の構造について理解を深める。使用されている和音はⅠ、Ⅱ、Ⅳ、Ⅴ、V_7で、おおむね小学校で既習である。

第2時

譜例②

| ④全体で輪奏を行うための準備を行い、追加パートの担当者を決める。 | 新たなパートを加えるなど、数名がパートを変更する。オルガンなどの鍵盤楽器のパートを加えることができる（譜例③）。 |

譜例③

音域が低い楽器（オルガンやトロンボーン，チューバなど）を部分的に重ねることも可能である（譜例④）。

譜例④

全曲を奏することが難しい場合には，鉄琴などの楽器で高音域の旋律の一部を演奏することも可能である（譜例⑤）。

譜例⑤

これらのパートは輪奏を行わず，最後まで繰り返し演奏する。

活動の流れ	指導のポイント
①輪奏の準備と各パートの練習を行う。	速度を安定させ，演奏している箇所を明確に示すため新たに指揮者を配する（交替してもよい）。 プラカードなどを使用すると進行をわかりやすく示すことができる。
②全員で輪奏を行う。	事前に演奏する際の配置を決めておき，適宜指示する。グループごとにまとまり，全体の響きが調和するよう，教室全体を使って中心に向かって円を描くように配置するとよい。 演奏に際しては，速度が次第に速くなりがちなので安定した速度で演奏するよう助言する。 他のパートの音や全体の響きを聴きながら，合奏の楽しさを味わうようにする。
③まとめとワークシートの記入。	

(第3時)

演奏の例

- 指揮者を含め34名の編成による演奏の例を示す。
- 最後のグループの最後発のパートが最終小節に達したときに全パートが終止する。先行するパートは曲頭に戻り，途中まで演奏して終止する。
- 楽器の割り当てと進行の例

 第1グループはソプラノ及びアルトリコーダー計9人

 第2グループは鍵盤ハーモニカ6人

 第2グループと同時にオルガンが加わる。（譜例③）。

 第3グループはキーボードと打楽器（マリンバなど）9人

 第3グループの途中から高音と低音のパートが加わる。（譜例④⑤）

 第4グループは吹奏楽器6人（フルート，クラリネット，サクソフォン等）

進行表

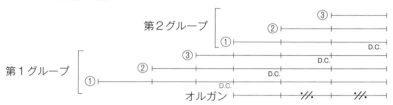

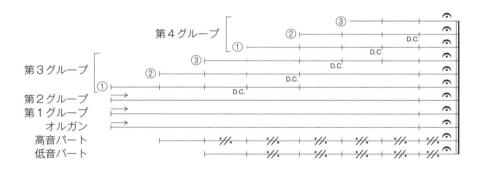

第3章

3　第1学年　鑑賞

音楽の表す情景の移り変わりを感じ取ろう

「四季」より「春」

1　題材の目標

　曲想の変化を知覚して楽曲の構成を理解するとともに，曲想の変化から情景の移り変わりを感じ取り，音楽のよさや美しさを味わう。

2　学習指導要領との関連

B鑑賞
　ア　(ｱ)　曲や演奏に対する評価とその根拠
　イ　(ｱ)　曲想と音楽の構造との関わり
〔共通事項〕との関連
　音色，旋律，テクスチュア，強弱，構成ならびにそれら相互の関連

3　教材

「四季」より「春」（ヴィヴァルディ　作曲）

4　学習のねらい

　聴こえてくる音や音楽そのものから楽曲の構成（ＡＢＡＣＡＤ…）を知覚し，Ｄの後に現れる短調のＡをきっかけにソネットの存在を知る。それに基づいて，改めてＡＢＣなどの情景を音や音楽から感じ取る学習である。可能

な限り教師の解説ではなく，音または音楽を教材として授業を進めるように構成している。

5 指導の計画（全2時間）

第1時
　曲想の変化を知覚し，楽曲の構成を理解する。
第2時
　音楽とソネットから情景を感じ取るとともに，曲想の変化から情景の移り変わりを感じ取り，音楽のよさを味わう。

6 題材の評価規準
観点1：知識　観点2：思考力,判断力,表現力等　観点3：学びに向かう力,人間性等

観点3　①曲想の変化に関心をもち，他者と協同し楽曲の構成を知覚する活動に意欲的に取り組んでいる。（第1時）

観点2　②ソネットから情景を感じ取るとともに，曲想の変化から情景の移り変わりを感じ取り，音楽のよさや美しさを味わっている。（第2時）

7 主体的・対話的で深い学びをつくる授業づくりのポイント

　生徒が悩み，迷い，そして，納得する（おちる）きっかけは常に教室に鳴り響く音や音楽です。教材が音や音楽であることで，生徒は能動的（主体的）に音楽の諸要素を知覚することになります。誰もが同じように聴き取れている諸要素を共有しながら，自ら感受したことを自由に語り合い（対話的），それを共有することに意味があります。

8 活動の流れと指導のポイント

第3章

第1時 曲想の変化を知覚し，楽曲の構成を理解する。

	教師の発問	想定している生徒の反応	・教師の行為や指導 ♪ 音源操作 板 板書 ◎指導のポイント
第1時	ある曲を聴きます。メロディを覚えるつもりで聴きましょう。		♪〜春がやってきた ◎生徒に題名は伝えない
	音楽は普通いくつものメロディでつくられています。それを順番でABC……と表します。ということで皆さんが今聴いたのがAです。		板A ・もしくは予め作成してあるフラッシュカードを貼る
	音楽はこの先も続きます。最初からもう一度，聴きます。聴きながら「あ！ 雰囲気，場面，様子が変わった」と思ったらそこでサインをください。	（変わった！）☝	♪春がやってきた〜小鳥は楽しい歌で，春を歓迎する
	雰囲気，場面，様子が変わった理由は何ですか？	音色など要素に関わる発言	
	ではAに続くBとします。		板AB
	さて，もう一度ABから聴きます。その先，音楽はどうなるかな？可能性としては？ そうです。ABCのいずれかですね。	ABC！	♪春がやってきた／小鳥は楽しい歌で，春を歓迎する〜春がやってきた（モティーフ化）
	ABCのどれですか？	A	板ABA
	この先はどうなるかな？ 可能性は？ そうです。ABCのい	ABC！	♪小鳥は楽しい歌で，春を歓迎する／春がやってきた

110

ずれかですね。もう一度，Bから聴きましょう。		（モティーフ）〜泉はそよ風に誘われ，ささやき流れていく
ＡＢＣのどれですか？	Ｃ	板ＡＢＡＣ
Ｃをもう一度聴いて先にいきます。ありえるのは？　そうです。ＡＢＣＤですね。	ＡＢＣＤ？	♪泉はそよ風に誘われ，ささやき流れていく〜春がやってきた（モティーフ）
ＡＢＣＤのどれですか？	Ａ	板ＡＢＡＣＡ
では，この後どうなるのか？可能性は？　やはりＡＢＣＤですね。もう１度Ｃから聴きます。	ＡＢＣＤ？	♪泉はそよ風に誘われ，ささやき流れていく〜春がやってきた〜黒雲と稲妻が空を走り，雷鳴は春が来たことを告げる
ＡＢＣＤのどれですか？	Ｄ	板ＡＢＣＡＣＡＤ
黒板を見てください。ＡＢ…を見て，何か気づくことありませんか？	法則性がある！？交互にＡが現れるから，次はきっとＡだ。	・一度，個々人で考える時間を確保，その後４人程度のグループになり考えたことを交換し合う。そして，発表。◎考え発表する時間は短くし，教室に音楽が鳴り響かない時間を長くしない。
次がＡ？という発表が多くありました。ではＤからもう一度聴いてみます。		♪黒雲と稲妻が空を走り，雷鳴は春が来たことを告げる〜春がやってきた（モティーフ）
	？？？	

AはAでも少し感じが違うのがわかりましたか？	（短調かな？）悲しい気持ちになった。	◎教師がピアノで弾いて確かめるとよい。 板 A B C A C A D A´ もしくは 板 A B C A C A D A （？）
では，どうしてこのAが短調なのでしょうか？　このなぞを解くためのシンプルな方法を考えましょう。	先を聴いてみる。 もう一度，その前から聴いてみる。 前から聴いて先まで聴いてみる。	・一度個人で考えさせ，その後そのアイデアを交換し合い，全体で共有する。 ◎この活動も短めにし，音楽が鳴り響く中で，この「なぞ」を解明する。 ◎グループでの発表に対して，それがどうしてなのかを問いかける。
とりあえず，先を聴くことですね。もう一度，Dから聴きます。	これも短調？	♪黒雲と稲妻が空を走り，雷鳴は春が来たことを告げる〜春がやってきた（モティーフ）〜嵐がやむと，小鳥はまた歌い始める。 ◎以降，2つ目の学習内容に進むきっかけとして短調のAに続いて短調のEが現れることがここで知覚できる。

第2時　音楽とソネットから情景を感じ取るとともに，曲想の変化から情景の移り変わりを感じ取り，音楽のよさを味わう。

	教師の発問	予想される生徒の反応	・教師の行為や指導 ♪ 音源操作 板 板書 ◎指導のポイント
第2時	この部分も短調でした。		・この部分をピアノで弾くとよりよい。 ・「短調の直前のAは短調で」と作曲者が判断した可能性を教師が解説する。
	では，そもそもどうして，このEは短調なのかな。実は，A〜Eはそれぞれ短い詩（「ソネット」といってもよい）に基づいていて，このEは「嵐がやむと，小鳥はまた歌い始める」という詩に基づいています。 もうひとつ伝えます。何度も出てくるAは「春がやってきた」です。Eの前だけは短調になり，同じ短調のEを自然に導き出していました。	BCDの詩は？	板 A B C A C A D A´ E ◎「嵐がやむと…」の情景を作曲者は短調で作曲したという事実のみを確認する。
	では，BCDの詩も気になりますね。黒板に詩を挙げます。		板「小鳥は楽しい歌で，春を歓迎する」 「泉はそよ風に誘われ，ささやき流れていく」 「黒雲と稲妻が空を走り，雷鳴は春が来たことを告げる」 以上3つを選択肢とする

ＢＡＣＡＤと聴いてみます。メモをとりながら聴いても構いません。聴いたあとにグループになり，どの曲にどの場面（ソネット）なのかを考えましょう。		♪小鳥は楽しい歌で，春を歓迎する～黒雲と稲妻が空を走り，雷鳴は春が来たことを告げるまで ◎ひとつずつ，明らかにしていくが，これまでと同様，聴いた音楽から，まず個々人がその曲想に合うものを考えたうえで，グループ単位で意見交換。
音楽を聴いて，自分の思いを述べるときにとても大切なことは何でしたか？	感じ取ったことの理由を音楽から探す。	◎生徒から発言を引き出すための問いかけをすることも大切＝感受とその理由。
教科書を開きましょう。これまでに学んだことが確認できます。Ｅのあとはどうなるのかな？そうです。Ａがくるのですね。では最後まで聴いてみましょう。	Ａだ！	♪嵐がやむと，小鳥はまた歌い始める～春がやってきた（モティーフ）
改めて全曲を通して聴きます。通して聴くからこそ，改めて感じ取れることは何でしょうか。		♪全曲
	曲想が激しく変化するにも関わらず，自然に音楽が移り変わっている。	・聴いた後，個々人で思いをまとめ，まずグループ内で発表し合う。全体での発表として共有。 ◎左のような発言があれば，通して聴いたことによる成果なのであり，教師は机間指導で，それらの発見に努

		め，後の全体での発表をうながす。
もう一度聴きます。これまでに学んだことや，グループ活動や発表で参考になった点，「もう一度聴いてみたいところがある」など，気になっていたことがあれば，確かめるつもりで聴きましょう。やはり，メモをとっても構いません。		♪全曲 ・聴いた後に，すぐにまとめる時間を確保（プレゼン文・批評文）。 ・この曲への自らの思い，他者の思いに触れての自らの思いなどをまじえ，この楽曲の曲想，雰囲気，情景を表すための言葉について考えるよう助言。 ◎長い楽曲ではないので繰り返し聴くことが可能であり，大切。

第2学年　歌唱

歌詞の内容や曲の背景を理解して，思いを込めて歌おう

「花の街」

1　題材の目標

曲想と音楽の構造や歌詞の内容との関わりや楽曲の背景を理解し，歌唱表現を創意工夫して思いを込めて歌う。

2　学習指導要領との関連

A表現（1）歌唱
ア　歌唱表現に関わる知識や技能を得たり生かしたりしながら，曲にふさわしい歌唱表現を創意工夫すること。
イ　(ｱ)　曲想と音楽の構造や歌詞の内容及び曲の背景との関わり
ウ　(ｱ)　創意工夫を生かした表現で歌うために必要な発声，言葉の発音，身体の使い方などの技能

〔共通事項〕との関連
旋律，強弱，形式ならびにそれら相互の関連

3　教材

「花の街」（江間　章子　作詞／團　伊玖磨　作曲）

4 学習のねらい

　歌詞が表す内容や曲の背景を理解して，思いを込めて表現することを目指す。曲想と音楽の構造や歌詞の内容及び曲の背景との関わりを理解するとともに，創意工夫を生かした表現で歌うために必要となる技能を身に付け，活動を通じて得た知識や技能を生かしながら思いを込めて歌う。

5 指導の計画（全2時間）

第1時
　旋律の動きやフレーズを把握し，曲想と音楽の構造を理解して，楽曲にふさわしい表現を創意工夫して歌う。

第2時
　歌詞の内容や曲の背景を理解して歌詞に込められた思いを感じ取り，音楽表現の向上を目指して創意工夫し，ピアノ・パートとの一体感を味わいながら歌う。

6 題材の評価規準

　　観点1：知識及び技能　　観点2：思考力,判断力,表現力等　　観点3：学びに向かう力,人間性等

観点1　曲想と音楽の構造，歌詞の内容及び曲の背景との関わりを理解し，曲の表情や味わいを生かして歌う技能を身に付けている。（第2時）

観点2　旋律の音のつながりやフレーズと曲想との関わりを知覚・感受し，歌詞の内容にふさわしい音楽表現を工夫し，どのように歌うかについて思いや意図をもっている。（第1時）

観点3　曲想と音楽の構造との関わりに関心をもち，創意工夫して歌う活動に主体的に取り組もうとしている。（第1時）

7 主体的・対話的で深い学びをつくる授業づくりのポイント

「花の街」は歌詞の内容がやや難しく,充実した歌唱表現を目指すうえで,歌詞の理解や楽曲の背景に関する学習が必要となります。「平和を願う歌だから気持ちを込めて歌うように」という単純な指示では生徒の共感は得られにくいかもしれません。個人の考えや感情を率直に表すことができなかった時代を経た後に生まれた歌であることを理解させるとともに,各自が思いや意図をもち能動的（主体的）に歌えるよう,十分な配慮が必要です。

幻想の世界を表す第1節,第2節に続いて現実に立ち戻る第3節の表現の工夫について考察し,各自の感じ方や解釈などを話し合う（対話的）活動を適宜設定することが効果的であると思います。

8 活動の流れと指導のポイント

	活動の流れ	指導のポイント
第1時	①作曲者を紹介する。	中学校の共通教材の作曲者の中では,もっとも後に生まれている。多くの作品があり,「ぞうさん」「おつかいありさん」などの例を挙げれば生徒が親しみを感じやすい。数多くの校歌も作っており,時間に余裕があれば,山田耕筰との作曲に関わるやり取りのエピソードを紹介する。
	②第1節を歌詞で歌い,旋律の動きや曲の雰囲気を把握する。	

③「かぜのリボン」「かけていったよ」の箇所を中心とする部分的な練習。旋律の動きにふさわしい歌い方を考え，表現を工夫する。 譜例① かぜのリボン	「夏の思い出」と同じように，旋律の音の動きや歌詞に合わせて自然な抑揚をつけられるよう，いろいろな歌い方を試しながら表現を工夫する。音が上がるところを意識して，気持ちを乗せるよう助言する。 譜例②  かけて いーった よ
④曲の形式を考察する。楽譜を見ながらCDを聴き，通常の二部形式とは異なる点に気付かせ，フレーズを意識した表現の工夫について理解を深める。	この曲は，形式が他の共通教材と異なるので，フレーズを意識した表現の工夫を意識させることに適しているといえる。4小節－5小節－8小節－5小節のまとまりが感じられる。さらに細かく分けることも可能だが，ここでは上記の捉え方で進める。
⑤旋律の動きと発音を意識して，後半の「わになってわになって」から「はるよはるよと　かけていったよ」にかけての部分の表現の工夫についてグループ及び全体で話し合う。	「かけていったよ」の最後の音はしっかりのばす必要がある。本事例に限らず，曲の山場の部分は，しっかりとした発声によって支え，思いを込めた表現を実現しなければ，「充実感」や「達成感」を味わうことは難しい。生徒の意欲や主体的な表現を引き出すことを常に心掛けたい。
⑥第2節，第3節を歌詞で歌う。	本時では旋律の動きやフレーズを把握して歌うことに重点を置くため，歌詞の内容に踏み込んだ学習は行わない。
⑦本時の学習内容を踏まえて全曲を通して歌唱する。	

活動の流れ	指導のポイント
⑧ワークシートの記入と課題の提示（次回までに各自で歌詞を音読し，語句を確認する）。	「夏の思い出」の事例と同じように，生徒が歌詞と向き合い，より深い学びを促すために歌詞の音読を課題として設定する。

	活動の流れ	指導のポイント
第2時	①前時の振り返り。	
	②歌詞の内容を確認する。	前時の課題の成果を確認するため数名を指名して歌詞の音読を行う。 平和を願う歌である点を理解させる。
	③第3節の表現の工夫についてグループで話し合い，ワークシートに記入する。	この教材では第3節の表現の工夫が重要なポイントになる。歌詞の内容は第1節と第2節で幻想の世界を描いたあと，第3節で現実に立ち戻ることになるが，強弱の変化等に関する指示はなく，歌唱の際の表現の工夫について考察する。
	④話し合いの結果をクラス全体で共有する。	歌唱に際しては，生徒の意見を尊重しつつ教師がひとつの解釈を提示して表現の統一を図ることも有効である。
	⑤戦後の復興の様子を表す映像を視聴する。	学習効果を高めるために映像を視聴する。
	⑥第1時⑤で学習した個所を再度確認して練習する。ピアノ・パートを聴きながら歌うことを意識して，より充実した表現を目指す。	ピアノ・パートとの一体感を味わえることは，この教材がもつ大きな魅力である。第1時⑤で学習したことを振り返りながら，声を延ばすところでピアノ・パートの動きにも耳を傾けるように助言する。直前の「た」の箇所の和音（減七の和音）を感じると表現がより豊かになる。気持ちを高揚させて声をしっかり出し，次の

		「はるよはるよと〜」につなげる。この個所は「ha」の発音とともに，ブレスやタイミングにも注意を要するところで，重要なポイントである。
	⑦これまでの学習内容を踏まえて，全曲を通して歌唱する。	
	⑧要点を整理してワークシートに記入する。	

ワンポイント・アドバイス

　この曲は4分の2拍子で，「愛の挨拶」（エルガー作曲）と同じ伴奏形ですが，生徒はこのノリがつかみにくいのではないかと推察しています。テンポの微妙な揺れ（アゴーギク）については，授業で歌う際には「歌いやすさ」を大切にして，不自然にならないよう留意する必要があります。

　限られた時間の中で，「主体的・協働的で深い学び」のある授業を実現することは難しい課題といえるでしょう。活動全体を通して，楽曲の雰囲気や魅力について音楽活動を通じて感じ取ることができるよう，歌唱する場面を多く確保するように心がけるとともに，話し合いの活動に深入りして，そのことが目的化しないようにすることが大切です。生徒の主体性を生かす場面と教師が指導性を発揮する場面とのバランスについても，常に留意したいところです。

第3章

5　第2・3学年　器楽

ギターの基本的な奏法を身に付け，ギターに親しもう

「禁じられた遊び」

1 題材の目標

ギターの構造を理解し，基本的な奏法を習得しながらギターに親しむ。

2 学習指導要領との関連

A表現（2）器楽
　ア　器楽表現に関わる知識や技能を得たり生かしたりしながら，曲にふさわしい器楽表現を創意工夫すること。
　イ　(ｱ) 曲想と音楽の構造や曲の背景との関わり
　　　(ｲ) 楽器の音色や響きと奏法との関わり
　ウ　(ｱ) 創意工夫を生かした表現で演奏するために必要な奏法，身体の使い方などの技能
　　　(ｲ) 創意工夫を生かし，全体の響きや各声部の音などを聴きながら他者と合わせて演奏する技能

〔共通事項〕との関連
　音色，旋律，テクスチュアならびにそれら相互の関連

3 教材

「禁じられた遊び」（作曲者不詳）

4 学習のねらい

　ギター演奏には技能習得が不可欠であることから本学習ではその基本を学ぶ。誰もが突き当たる技能面の課題（CFGコードなど）には触れず，簡単な旋律奏でありながら，聴き映えのする楽曲の演奏（部分）により「この先を弾きたいな」などの，今後の動機づけを図ることに主眼をおく。

5 指導の計画（全2時間）

第1時
　ギターの構造を理解し，基本的な奏法を学ぶ
第2時
　基本的な奏法を身に付けて簡単な旋律を演奏し，ギターに親しむ

6 題材の評価規準

観点1：知識及び技能　　観点2：思考力,判断力,表現力等　　観点3：学びに向かう力,人間性等

観点3　①ギターの構造を理解して基本的な奏法を学ぶ活動に主体的に取り組んでいる。（第1時）
観点1　②基本的な奏法を習得して簡単な旋律を演奏し，ギターに親しんでいる。（第2時）

7 主体的・対話的で深い学びをつくる授業づくりのポイント

　技能習得が不可欠であることから，個々人がそれぞれの課題を克服する主体的な学習となります。ただし，それを個人練習とせずに，共通する課題をどのように克服するのか，あるいは，すでに課題を克服した生徒がアドバイスを行う等，協同での学び（対話的）とすることがポイントです。

8 活動の流れと指導のポイント

第1時 ギターの構造を理解し，基本的な奏法を学ぶ

	教師の発問	予想される生徒の反応	・教師の行為や指導 ♪ 音源操作　板 板書 ◎指導のポイント
第1時	今日はギターの勉強です。まず，ギターの名曲を聴いてください。		♪「禁じられた遊び」の前半部A
	実は，皆さんにもこの曲に挑戦して欲しいと考えているからです。	無理！	
	もちろん，全部ではありません。もう一度，聴いてください。合図をするところまで挑戦します。		
	合図をした場所まで弾けたら素敵だと思いませんか？		◎このような動機づけが必要であり，「コードを覚える」等の以前に「この音楽をギターで弾いてみたい」という思いにさせるのがポイントとなる。
	これから学習に必要となるギターの部分の名前を覚えてください。		・ボディ・ネック・弦・ヘッド・ペグのみを伝える。
	次です。ネックを左側にして一番上の弦から順番に下まで弾いてみましょう。		◎ＥＡＤＧＢＥが鳴るが，その音の確認はせずに次の活動に進む。

もう一度，ひとつずつ弾きましょう。皆さんが音を出すたびに，先生はその音をピアノで弾きます。それがどの音なのか？　グループで聴いて教えてください。		◎教師は別の音を弾き，相対的に当該音を聴き取らせる工夫をしてもよい。 ◎特に最初のEについては直前にCを弾いておくと効果的。
では順番に教えてください。		◎すぐに正しく答えられるかどうかが重要ではなく，耳を澄まし「この音はなんだろう？」「レではないな……」など，グループで模索することに意味がある。 ・順番に音を特定しながら全6弦の音を確認し，ネックの下側から第1弦，そして最も上側が第6弦と呼ぶことを伝える。 板(もしくはカード) 　EADGBE 　654321
皆さん，頑張りました。では次にいよいよです。ギターの構え方を見てください		◎教師が見本を示すか写真や動画を見ると効果的。 ◎ここで「勝手に音を出さない」ことを学習規律としておさえておくことは大切。器楽では比較的音量が強く，教師の声も通らなくなる可能性がある。
第6弦に右手の親指を当てましょう。 言われた通りに弦を当てること		

ができたと思ったら，その弦をはじいてください。	♪	
鳴った音は何ですか？	ミ	
先生と同じところを左手の人差し指で押さえて弾いてください。	♪	・左手の人差し指で第6弦の1フレットを押さえる動作を示す。
この音は？	ファ	・ファとわかればよいが，もしそれが難しい場合，そのファを一旦ピアノで弾き，ミとファを交互に弾いて生徒に歌うよう指示。
そのとおり！ ファです。では次にソの音をどのように出したらよいのか？を考えてください		・グループ学習。ファの隣ではなく，そのひとつ隣になるとわかればよい。
皆さん，一緒に弾いてみましょう。ソです。	♪	
素晴らしい！ すぐ隣ではなく，その隣だとよく気づきました！では，ミ ファ ソと弾いてみましょう。	♪	・本数が全員に行き渡らない場合は，この辺りで交代しながら全員が音を出すこととする。
さて，ここでもう1つギターの用語を覚えてください。隣とか，またその隣というのも煩わしいですね。ネックにラインが入っているのがわかると思います。これをフレットと呼びます。		

先の方から1つ目のラインが1フレット,その後順番に2フレットと呼びますが,ではミの音は何フレットとなりますか？	1フレット？	
では,先ほどのファは？	1フレット！あれ？	◎ここでの重複は開放弦の説明のポイント。
同じですね。実はファがこの弦での1フレット,ミは指でおさえているわけではないので特別に開放（弦）と呼びます。		
それでは,ソのフレットを教えてください。	3フレット	
それではラの音を探してください。		・グループでの活動。第6弦の5フレットを押さえる以外にも第5弦の開放弦もラだと気づくグループがあれば,紹介する。
黒板を見ましょう。ラの音,他にもありそうです。		・同じ音ながら異なる弦で弾くことが可能であることを確認する。
では,第6弦の5フレットのラと第5弦の…何と呼ぶのでしたか？ 何も押さえないときは？…そうです開放弦を交互に弾きましょう。	開放弦！♪	・ここでは音は同じであるが,音色が異なることを確認する。

第3章

活動の手順 グループごとに第6弦Eから第1弦Eまでの音を順番に弾く。演奏をしない者は拍を数えたりする。	

第2時 基本的な奏法を身に付けて簡単な旋律を演奏し，ギターに親しむ

	教師の発問	予想される 生徒の反応	・教師の行為や指導 ♪ 音源操作　板 板書 ◎指導のポイント
第2時			・「禁じられた遊び」の楽譜を配付。
	（楽譜）		
	これからグループで話し合い，最初の音が第何線の何フレットになるのかを突き止めてください。もちろん，音を出してもよいですよ。		・第1音は重音であることから，かなり思考力を要する。第1音の特定については1～2分で様子を見る。
	では，皆さんで最初の音を出してみましょう。	♪	・ほぼできていると確認できたら次に進む。

	先生の指を見てください。これから楽譜通りに指を動かします。先生が歌いながらやりますので，よく見ましょう。		・右手を上げて生徒に見やすくしたうえで，m（中指）i（人差し指）p（親指）の順番に繰り返し動かす。生徒は真似をする。（指記号の指導は任意）
	では皆さんも，歌いながら指を動かしましょう。	♪	・「Ru」などで歌いながら，この動きが「禁じられた遊び」の当該部分の指の動きとなる。 以降，グループでの練習時間を確保してグループ内で交代しながら練習を行う。その際，「自分の工夫点」などをメモし合い，弾き方などに苦労している生徒に対しての助言を積極的に行う。
	小発表会を行います。メンバーを交代しながら全員が一回は演奏しましょう。		◎このように学習の成果を発表することは大切。表現は他者に聴いてもらうため，ということを実感することにもなる。 ◎楽器を扱う際は，前時も含めてその保守の仕方や片づけ方に配慮することも生徒に伝えることが大切。そのためのルールを設け，皆で守ることに意味がある。

第3章

6 第2学年　創作

モティーフを重ねたり組み合わせたりして, リズムアンサンブルを作ろう

1　題材の目標

　音素材の特徴や音の重なり方，反復，変化，対照などの構成上の特徴を理解して，創意工夫を生かした表現でリズムアンサンブルの楽曲を作る。

2　学習指導要領との関連

A表現（3）創作
　ア　創作表現に関わる知識や技能を得たり生かしたりしながら，まとまりのある創作表現を創意工夫すること。
　イ　（イ）音素材の特徴及び音の重なり方や反復，変化，対照などの構成上の特徴
　ウ　創意工夫を生かした表現で旋律や音楽をつくるために必要な，課題や条件に沿った音の選択や組合わせなどの技能を身に付けること。

〔共通事項〕との関連
　音色，リズム，強弱，構成ならびにそれら相互の関連

3　学習のねらい

　創作表現に関わる知識を得たり生かしたりしながら，音の重なりや組み合わせなどを創意工夫してまとまりのある楽曲を作る。課題や条件に沿った音の選択や組み合わせの技能を身に付けるとともに，協働して表現の向上を目

指す活動を通じて主体性や協調性の育成を図り，創作表現の楽しさを味わう。

4 指導の計画（全4時間）

第1時

　冒頭の4小節を作る。活動がスムーズに進められるよう，2小節でできた4つのモティーフ（譜例①A～D）を提示し，各自で別の2小節のモティーフ（譜例①E）を1つ作る。持ち寄った2小節ずつのモティーフをグループ内で検討し，組み合わせて4小節に仕上げる。活動を通じて音の重なり方に関する知識を得たり生かしたりしながら，条件に沿った音を選択したり組み合わせたりする技能の習得を図る。

譜例①

第2時

前時の振り返りののち,グループごとに楽曲の前半部分(16小節。次ページ表1 Ⅰ Ⅱ)を作る。次ページの例では,Aのモティーフから始まり,2小節ごとに選んだモティーフを重ねていく。続く8小節は「掛け合い」の形(コール&レスポンス)としたが,即興的に形を変化させたり,掛け合いの方法を工夫したりして,多様な展開が可能である。前時に引き続き,音の重なり方に関する知識を得たり生かしたりしながら,条件に沿って音を組み合わせる技能の向上を図る。

第3時

後半部分(16小節。次ページ Ⅲ Ⅳ)を作る。ここで新しいモティーフを使って曲想を変化させたり,組合わせを工夫して緊張感を高めたりすることが可能である。Ⅳの部分(8小節)はⅠの部分を応用し,終結部分はグループで作る。前時同様,音の重なり方に関する知識を得たり生かしたりしながら,条件に沿って音を組み合わせる技能の習得を図る。

第4時

第4時では,楽曲を仕上げて発表する。共通するモティーフを使用していても多様な展開が見られるため,他のグループの表現から多くの気づきが得られる。本時では全体のまとまりを意識して創意工夫する点に留意する。

楽器の例

A 下段 バス・ドラム 上段 スネア・ドラム　B カウベルなど
C ハイハット・シンバル(閉じてたたく),キーボードなど
D ボンゴ,コンガなど

主体的・対話的で深い学びのある音楽授業アイデア

進行の例（5人で演奏する場合）

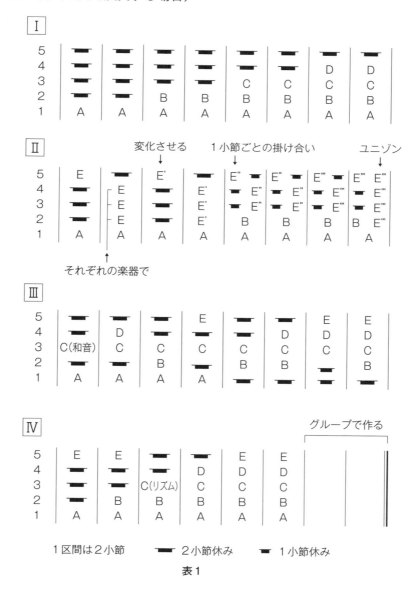

表1

5 題材の評価規準

観点1：知識及び技能　　観点2：思考力,判断力,表現力等　　観点3：学びに向かう力,人間性等

観点1　音素材の特徴及び音の重なり方や反復，変化，対照などの構成上の特徴を理解し，課題や条件に沿った音の選択や組み合わせの技能を身に付けている。

観点2　音素材の特徴及び音の重なり方や反復，変化，対照などの構成上の特徴を生かして創意工夫し，どのように楽曲を作るかについて思いや意図をもっている。

観点3　リズムアンサンブルの創作に関心をもち，音素材の特徴及び音の重なり方や反復，変化，対照などの構成上の特徴を生かして楽曲を作る学習に主体的に取り組もうとしている。

6 主体的・対話的で深い学びをつくる授業づくりのポイント

　グループで創作活動をする場合には必然的に「主体的・対話的な学び」を行う場面が多くなります。しかし，生徒が活動の要領を得て軌道に乗るまでに時間を要したり，思考・試行の過程で多くの時間を要したりすることから，「深い学び」の実現に向けて十分な時間を充てたいところですが，現実的には難しいのが実情です。

　提示する課題や条件の提示は創作活動を行う上でとりわけ重要です。本事例でモティーフや組み合わせを提示しているのは活動をスムーズに行うためで，グループごとの自由な発想を常に大切にして，状況に応じて条件を見直すことも必要です。

　次の表中の第3時の②では，「盛り上がって終わるグループが多いので，緊張感を保ちながらだんだん弱くしてみよう」といったアイデアが出ることが期待できます。このように「音楽的な見方・考え方」を働かせ，知識を相互に関連付けて「深い学び」の実現を図ることが期待されます。

7 活動の流れと指導のポイント

	活動の流れ	指導のポイント
第1時	①全体および本時の活動内容を理解する	音が重なる様子が実感できる。フーガなどが既習の場合には、関連付けるとよい。
	②A〜Dの各モティーフを演奏する。	ロックやラテン・ミュージックのリズムを応用している。リズムはなるべく身体で覚えて、楽譜に頼らないようにする。
	③モティーフの組み合わせを数種類例示する。	
	④各自でEのモティーフを作る。	「ワークシート1」に記入する。
	⑤グループに分かれて、Eのモティーフを作る。	④で作成したモティーフを提示し合い、選んだり変えたりして、グループのモティーフEを決める。
	⑥各グループが⑤で作成したモティーフを発表する。	

	活動の流れ	指導のポイント
第2時	①グループごとにIの部分（8小節）を作る。	いくつかの案を試奏し、話し合いながら作る。
	②楽器と各パートの担当を決める。	
	③グループごとにIIの部分（8小節）を作る。	「掛け合い」の手法を紹介する。 いくつかの案を試奏しながら作る。
	④I及びIIの部分を通して練習する。	

	活動の流れ	指導のポイント
第3時	①グループごとにⅢの部分（8小節）を作る。	新たな要素を使って楽曲に変化をもたらす。
	②グループごとにⅣの部分（8小節）を作る。	冒頭部分を応用すると，再現部に至るような効果が生じ，まとまりを感じやすいことを紹介する。 終結部は全員で協力して作り上げる。
	③Ⅲ及びⅣの部分を通して練習する。	

	活動の流れ	指導のポイント
第4時	①グループごとに，全体の構成や速度，音色，音の高低の変化や対比などについて話し合い，進行表（楽譜に替るもの）を作成する（133ページ表1参照）。	教師は適宜助言をする。創意工夫を重ね，よりよい表現に至ったときには大きな充実感や達成感を味わうことが期待できる。
	②楽曲全体を通して練習する。	
	③発表を行う。他のグループの作品と演奏に対する感想を「ワークシート2」に記入する。	他の生徒のコメントや教師の助言を今後の活動に生かすようにする。
	④教師の講評とまとめ。学習の成果を「ワークシート1」に記入する。	「ワークシート1，2」ともに提出し，事後の振り返りの際に活用する。

ワークシート1

自分が作ったモティーフE

4/4 _____

グループで作ったモティーフE

4/4 _____

コメントやアドバイスを参考にして学習の成果をまとめよう
- 自分が工夫した点

- グループで工夫した点

- 良かった点や満足ができる点

- 不十分な点や今後の課題など

- コメントやアドバイスに対して

_____年 _____組 _____グループ 氏名_____

ワークシート2

各グループの作品や演奏について

Aグループ
- 良かった点
- 気がついたこと
- よりよい表現に向けてどのような工夫や改善が必要か

Bグループ
- 良かった点
- 気がついたこと
- よりよい表現に向けてどのような工夫や改善が必要か

Cグループ
- 良かった点
- 気がついたこと
- よりよい表現に向けてどのような工夫や改善が必要か

Dグループ
- 良かった点
- 気がついたこと
- よりよい表現に向けてどのような工夫や改善が必要か

_____年 _____組 _____グループ 氏名_____

音楽の表す様子・場面・情景を感じ取ろう

第2学年　鑑賞

「ブルタバ」

1 題材の目標

　曲想や曲想の変化から音楽の表す様子や場面・情景を感じ取り，そのよさや美しさを聴き味わう。

2 学習指導要領との関連

B鑑賞
　ア（ア）曲や演奏に対する評価とその根拠
　イ（ア）曲想と音楽の構造との関わり

〔共通事項〕との関連
　音色，リズム，速度，旋律，テクスチュア，強弱，構成ならびにそれら相互の関連

3 教材

「ブルタバ」（スメタナ作曲）

4 学習のねらい

　音楽の表す様子や場面，情景を，聴こえてくる音や音楽から感じ取り，それらをもたらすものが音楽を形づくっている諸要素であることを理解する。

そして，様子や場面，情景とその移り変わりから楽曲のよさや美しさを味わうことをねらいとしている。

5 指導の計画（全2時間）

第1時
音楽が表す様子や場面・情景を感じ取り，音楽を形づくっている諸要素との関連を理解する。

第2時
音楽が表す情景等を感じ取るとともに曲想の移り変わりを感じ取り，音楽のよさや美しさを味わう。

6 題材の評価規準
観点1：知識　観点2：思考力,判断力,表現力等　観点3：学びに向かう力,人間性等

観点3　音楽の表す様子・場面・情景を感じ取り，それらをもたらす諸要素との関係を理解しながら，意欲的に活動に取り組んでいる。（第1時）

観点2　曲想の移り変わりを感じ取り，音楽のよさや美しさを味わっている。（第2時）

7 主体的・対話的で深い学びをつくる授業づくりのポイント

その都度挙げられる様子等を表す選択肢に基づき，生徒は能動的（主体的）に音楽を聴きます。漫然と音楽を聴くのではなく「注意しながら」聴くことが重要です。感じ取った様子等とそれらをもたらしている諸要素との関係を共有していることから，それに基づき，生徒個々人が思いを自由に交換し（対話的），尊重し合うことが大切です。

8 活動の流れと指導のポイント

第1時 音楽が表す様子や場面・情景を感じ取り、音楽を形づくっている諸要素との関連を理解する。

	教師の発問	予想される生徒の反応	・教師の行為や指導 ♪ 音源操作　板 板書 ◎指導のポイント
第1時	これから水の流れを表している音楽を聴きます。その様子を3つ挙げます。どれが合うかな？と考えながら聴きましょう。	①だと思う。	◎題名は示さない。 ♪水源を表す部分まで ・黒板に掲示する。 ①水が溢れ出る源流の様子 ②川幅が広く堂々と豊かに流れている様子 ③水しぶきが上がるような急流
	どうしてかな？ 聴いた音楽から理由を探してみよう。	（生徒の発言の根拠 →音色など諸要素）	・4人程度のグループになり、お互いの思いを交換する。個人の知覚・感受は尊重する。
	水源・源流から流れ出た水はこのあとどうなるのかな？ もう一度、最初から聴いてみるけど、ここでも様子を3つ挙げておきます。どれに合うかな？と考えながら聴きましょう。 どうしてかな？ 聴いた音楽から理由を探してみよう。	②だと思う。 （生徒の発言の根拠 →旋律など諸要素）	♪川幅が広がり…の部分まで ・引き続き黒板に掲示する。 ①水が溢れ出る源流の様子 （のまま続く） ②川幅が広くて堂々と豊かに流れている様子 ③水しぶきが上がるような急流

この曲の名前は「ブルタバ」と言います。チェコの国土を流れゆく川の名前です。これからも曲は続き，川の様子はもちろん，川の周囲の様子や場面，情景を表しています。今，聴いた部分は「ブルタバを表す旋律」「ブルタバの主題」として有名です。 さて，この先の川の様子はどうなるかな。黒板から外してもよいカードがあるかな？	もう水源はいらないよね？	◎左に示したような内容で十分であり，それ以外の情報は次段階の学習に必要ではない。
そうですね。さすがに「水源・源流」はないね。 「ブルタバの旋律・主題」も外します。代わりに，川の周囲の様子を挙げます。ヨーロッパは深い森も多く，そこで狩りも行われているので「森の狩猟」の様子，もうひとつ，時間も移り変わると？ そうです夜。「月の光に照らし出された水の精の踊り」も挙げておきます。そして，今度こそ「急流」かも？聴きましょう。	夜？ ① ③？	・掲示されていたカードを順次外し，新たなカードを追加する。 ①森の狩猟の様子 ②月の光の下，水の精が静かに踊っている ③水しぶきが上がるような急流 ♪森の狩猟の部分まで
どうしてかな？ 聴いた音楽から理由を探してみよう。	（生徒の発言の根拠 →テクスチュアなど諸要素）	◎教室に音楽が鳴り響かない時間を長くしない。

では，次にヒントとなる曲を聴きます。鳴っている楽器の音に注意しましょう。		♪「魔弾の射手」より「狩人の合唱」の冒頭部ホルンによる主題が終わるところまで
先に①か③？と迷ってしまいましたが，実は，今聴いた曲に鳴っている音が，迷った曲でも鳴っています。もう一度聴きましょう。		♪森の狩猟の様子
同じ音がわかりましたか？	楽器名まではわからないけれど何となく？	♪必要に応じてこの2曲を何回か聴く。
この曲の名前は「狩人の合唱」です。ということは？	狩だ！①だったのか！	◎この一連の活動ではグループ活動として音楽から知覚できることを基に2曲の音色について似ているものを探す。 ・ヨーロッパでは角笛（ホルン）＝狩猟を思いうかべることを教師が説明
では，「森の狩猟」を聴きながら次に進めましょう。では「森の狩猟」の代わりに，場面・情景として「農民の結婚式」を入れます。今度こそ「急流」かもしれませんし「水の精の踊り」もありえます。	①？	・黒板の掲示を入れ替える。 ①農民の結婚式 ②月の光の下，水の精が静かに踊っている ③水しぶきが上がるような急流 ♪農民の結婚式の部分まで
どうしてかな？ 聴いた音楽から理由を探してみよう。	（生徒の発言の根拠 →リズムなど諸要素）	

さて，次は2つにひとつです。いよいよ「急流」かな？	①？	・黒板の掲示をひとつ外す。 ①月の光の下，水の精が静かに踊っている ②水しぶきが上がるような急流 ♪水の精の部分まで
どうしてかな？ 聴いた音楽から理由を探してみよう。 今度こそ「急流」です。でもすぐに急流にさしかかりません。今までに聴いたもののなかの様子，場面，情景のうちの何かが流れてから「急流」に進みます。「ここだ」と思ったらサインをください。	（生徒の発言の根拠 →音色など諸要素）	♪再び現れた「ブルタバの旋律」から急流の場面まで
	（ここか！）	
急流は思った通りでしたか？ それとも想像以上でしたか？	（生徒の発言の根拠 →テクスチュアなど諸要素）	
急流を音楽でどのように表していましたか？ 鳴っている楽器が何を表しているのか？ 考えながら聴きましょう。	（生徒の発言の根拠 →音色など諸要素）	♪もう一度，急流の場面

さて教科書を開きましょう。これまでに聴いてきた様子や場面・情景を確認してください。それと，これまでに聴いていない様子や場面・情景があると思いますが，それは何ですか？	ビシェフラト？ブルタバ？	
「幅広く流れるブルタバ」と「ビシェフラト」ですね。		◎後者はピアノで示しておくとよい。
源流は２つだったんだね。それぞれの様子を表していた楽器名が記されています。では先ほど止めてあるところから先を聴きます。「ビシェフラト」だ！と思ったらサインをください	源流２つ？	◎聴く前に，もう一度ピアノで示しておく。
全曲を聴いた「ブルタバ」は，連作交響詩「我が祖国」の中の１曲なのです。その第１曲目が「ビシェフラト」だと教科書に書いてありますね。		♪ビシェフラトを聴いてもよい（参考曲として）

第2時　音楽が表す情景等を感じ取るとともに曲想の移り変わりを感じ取り，音楽のよさや美しさを味わう。

	教師の発問	予想される生徒の反応	・教師の行為や指導 ♪　音源操作　板　板書 ◎指導のポイント
第2時	では今度は通して聴きます。もしくは，DVDで演奏の様子を見ます。 教科書をもう一度，見ましょう。作曲者と作曲の思いがわかる説明を探しましょう。	スメタナは祖国に音楽で贈り物をした？祖国の自然の美しさを音や音楽で表していたんだ！	♪全曲 ・個々人で読む時間を必ず確保してからグループになり，自分が思うことを交換するよう助言。 ・全体で発表の時間を設ける。 ◎もう一度，部分鑑賞，可能なら全曲鑑賞で発表内容を聴き味わうのもよい。

第3章

8　第3学年　歌唱

歌詞が表す情景を思い浮かべながら，表現を工夫して合唱しよう

「花」

1 題材の目標

曲想と音楽の構造や歌詞の内容との関わりを理解し，全体の響きを味わいながら合唱する。

2 学習指導要領との関連

A表現（1）歌唱
　ア　歌唱表現に関わる知識や技能を得たり生かしたりしながら，曲にふさわしい歌唱表現を創意工夫すること。
　イ　(ｱ)　曲想と音楽の構造や歌詞の内容及び曲の背景との関わり
　ウ　(ｲ)　創意工夫を生かし，全体の響きや各声部の声などを聴きながら他者と合わせて歌う技能

〔共通事項〕との関連
　旋律，強弱，形式ならびにそれら相互の関連

3 教材

「花」（武島　羽衣　作詞／滝　廉太郎　作曲）

4 学習のねらい

歌詞が表す情景を思い浮かべながら豊かなイメージを持って表現することを目指す。曲想と音楽の構造や歌詞の内容との関わりを理解するとともに、創意工夫を生かした表現で歌うために必要となる技能を身に付け、楽曲にふさわしい表現を工夫して、他の声部の声や全体の響きを聴きながら合唱する。

5 指導の計画（全3時間）

第1時
曲想と音楽の構造や歌詞の内容との関わりに関心をもち、旋律の音のつながりを把握して、曲にふさわしい表現を工夫する。

第2時
歌詞の内容についての理解を深め、豊かなイメージをもって表現できるよう創意工夫する。また、パート練習を通じて、主体的、協働的に活動し、声部の関わり合いを把握しながら合唱する。

第3時
曲想と音楽の構造や歌詞の内容との関わりについて理解を深め、音楽表現の向上を目指して創意工夫する。また、合唱の楽しさを実感できるよう、他の声部の声や全体の響きを聴き合い、味わいながら合唱する。

6 題材の評価規準

観点1：知識及び技能　　観点2：思考力,判断力,表現力等　　観点3：学びに向かう力,人間性等

観点1　創意工夫を生かし、全体の響きや他の声部の声などを聴きながら、他者と合わせて歌う技能を身に付けている。（第3時）

観点2　各声部の旋律の音のつながりや関わり合い、歌詞が表す情景や心情を感じ取って、曲にふさわしい音楽表現を工夫し、どのように歌うかについて思いや意図をもっている。（第2時及び第3時）

観点3　曲想と音楽の構造や歌詞の内容との関わりに関心をもち、創意工夫して歌う活動に主体的に取り組もうとしている。（第1時及び第2時）

7 主体的・対話的で深い学びをつくる授業づくりのポイント

「花」は、満開の桜や船（舟）の往来の様子など、歌詞が表す情景や心情を生徒がイメージしやすく、図版や映像を使用することによって、より豊かなイメージをもつことが期待できます。二部合唱ですが、上声部、下声部ともに同じリズムのところが多いので、旋律の把握は比較的容易であるといえるでしょう。パート練習を通じて生徒が能動的（主体的）に活動する場面や、強弱の変化やパートの役割など、音楽を形づくっている要素とその働きの視点でとらえながら表現の向上に向けて各自の感じ方や解釈などを話し合う（対話的）活動を設定することが可能です。

本事例は3時間配当として、各自がしっかりと旋律の動きを把握して自信をもって歌い、曲のよさや合唱の魅力について感じ取ることができるよう、十分に歌唱する時間を確保できるように配慮しています。

8 活動の流れと指導のポイント

	活動の流れ	指導のポイント
第1時	①楽曲にゆかりのある隅田川（東京都）周辺の映像を視聴する。	映像の視聴は、情景のイメージを豊かなものにするうえで効果的である。隅田川周辺には塔や橋などの構造物、史跡など見どころが多く、視覚的に楽しむことができる。「当時の船（舟）はどのようなものだったのだろう？」といった発問をして、「櫂のしずくも花と散る」の箇所の様子を想像させるとよい。いわゆる手漕ぎボートのオールをイメージする生徒がいると思われる。

②全員で第1節の上声部を歌詞で歌い，旋律を把握する。	
③部分的な練習。旋律の動きやリズムの特徴を生かした歌い方を考え，表現を工夫する。	旋律の動きを把握し，曲想にふさわしい表現を工夫しながら，表情豊かに歌う技能の習得を図る。

例1 「2通りの方法で歌って，比べてみよう」

譜例①　　　　　　　　　　　譜例②

例2 「音の動きを意識して歌ってみよう」

譜例③　　　　　　　　　　　譜例④

ふな　び と　が　　　　　　は な　と ち る

④全員で第1節の下声部を歌詞で歌い，旋律を把握する。	音高が下がりやすい箇所について，随時注意を促す。
⑤曲想にふさわしい歌い方を考えて表現を工夫しながら合唱する。	
⑥ワークシートの記入と課題の提示（次回までに各自で歌詞を朗読し，語句を確認する）。	「夏の思い出」や「花の街」の事例と同じように，より深い学びを促すために歌詞の音読を課題として設定する。

第3章

	活動の流れ	指導のポイント
第2時	①歌詞の内容を確認する。	前時の課題の成果を確認するため数名を指名して歌詞の音読を行う。 第2節中の「ものいう」は「mono-yu（h）U」と発音する。 ※参考『日本の唱歌【決定版】』藍川由美著，音楽之友社
	②楽曲の構造を確認する。	前奏や間奏をともなうが，各節の構造は二部形式であることを確認する。
	③上声部と下声部に分かれて第2節及び第3節のパート練習を行う。	生徒の主体的，協働的な活動を促し，支援する。
	④他声部の声を聴きながら第2節及び第3節を合唱する。	音を長く延ばす部分を中心に音高を確認し，両声部が調和している状態を実感させる。
	⑤強弱やその変化に関する記号の意味を確認する。	第3節の「おぼろづき」の前後の部分の強弱の変化や，それにともなう表現上の効果などについて考察する。
	⑥ワークシートの記入と課題の指示（次回までに各自で終結部の表現方法を考える）。	記号や用語に気を付けながら，終結部の表現の工夫について考察するよう指示する。

	活動の流れ	指導のポイント
第3時	①前時の振り返りと部分練習（特に練習を要する箇所）。	

②速度やその変化に関する記号や用語の意味を確認する。	速度表示に関して，この曲の場合は「moderato」が「ほどよく，適度に」という意味になることを説明する。
③終結部の表現の工夫についてグループ及び全体で話し合う。	第2時⑤と関連してこの部分を考察する。「強弱を意識して，豊かな声量で歌う」「速度の変化に気をつけて，他声部やピアノと合わせて歌う」など，能動的な意識を高めて充実した表現を目指す。
④終結部を重点的に練習する。	この部分は速度の変化やフェルマータなど注意を要する点が多い。フェルマータの箇所の音や歌唱パートの最後の音は，教師がピアノを弾きながら指示することが難しいため，各自で音を切るタイミングを揃えるよう意識させる。また，下声部の「たとうべき」の部分は特に難しいため重点的な練習が必要となる。
⑤全体の響きを聴きながら全曲を通して合唱する。	
⑥要点を整理し，ワークシートに記入する。	

ワンポイント・アドバイス

　フェルマータの箇所の扱いは複数の方法が考えられますが，続くピアノの和音が鳴るタイミングで歌唱パートの音を切ることが多いようです。教師がピアノを弾きながら指示することが難しい場面では，音を切るタイミングを揃えることについて，生徒各自に意識させるようにするとよいでしょう。

第3章

9　第3学年　創作

コードの流れに合わせて
メロディーを作ろう

1 題材の目標

　言葉と音の関わり方や音のつながり方を創意工夫して，コードの流れに合わせて旋律を作る。

2 学習指導要領との関連

A表現（3）創作
　ア　創作表現に関わる知識や技能を得たり生かしたりしながら，まとまりのある創作表現を創意工夫すること。
　イ　(ｱ)　音階や言葉などの特徴及び音のつながり方の特徴
　ウ　創意工夫を生かした表現で旋律や音楽をつくるために必要な，課題や条件に沿った音の選択や組合せなどの技能を身に付けること。

〔共通事項〕との関連
　リズム，旋律，テクスチュア，構成ならびにそれら相互の関連

3 学習のねらい

　創作表現に関わる知識を得たり生かしたりしながら，音のつながり方を創意工夫して，コードの流れに合わせて旋律を作る。生徒各自の表したいイメージやそこから喚起する発想を大切にして，課題や条件に沿って音を選択する技能を身に付ける。さらに，作った旋律に歌詞を付ける活動を通じて言葉

と音の関係についての理解を深める。音を音楽へと構成する体験を通じて，創作表現の楽しさを味わう。

4 指導の計画（全4時間）

第1時

本時では，ハーモニーの流れを手掛かりとして旋律を作る活動を行う。4小節のコード進行を提示してイメージの喚起を図る。活動がスムーズに進むよう，拍子や小節数なども指定する。活動を通じてコードの流れと旋律の関わりや音のつながり方の特徴を理解し，条件に沿った音を選択したり組み合わせたりする技能の習得を図る。

第2時

グループごとに，前時に作った旋律を持ち寄って意見交換をし，必要に応じて修正する。次に旋律をつなげてまとまりある楽曲にする。
協働的な活動を通じて，楽曲の形式や音のつながり方の特徴について理解を深め，条件に沿った音を選択したり組み合わせたりする技能の向上を図る。
各自が作った旋律の一部に歌詞を当てはめることを課題として提示する。

第3時

生徒の達成状況に合わせて助言を行い，表したいイメージに沿った作品になるよう創意工夫を促す。言葉と音の関わりや音のつながり方の特徴について理解を深め，創作表現の向上を図る。

第4時

各自が作ったメロディーをディスプレイに表示し，教師の範唱に続けて歌うなどして全体で共有する。意見交換を行い，他の生徒の感想や教師の助言を参考にしてさらに創意工夫を重ね，オリジナルのメロディーを完成させる。

5 題材の評価規準

観点1：知識及び技能　　観点2：思考力,判断力,表現力等　　観点3：学びに向かう力,人間性等

観点1　音素材の特徴及び音の重なり方や反復，変化，対照などの構成上の特徴を理解し，課題や条件に沿った音の選択や組み合わせの技能を身に付けている。

観点2　音階や言葉などの特徴及び音のつながり方の特徴を生かして創意工夫し，どのように楽曲を作るかについて思いや意図をもっている。

観点3　メロディー作りに関心をもち，音階や言葉などの特徴及び音のつながり方の特徴を生かして楽曲を作る学習に主体的に取り組もうとしている。

6 主体的・対話的で深い学びをつくる授業づくりのポイント

　本事例は生徒各自の個性や自由な発想を大切にしています。個人で取り組む活動が主体となりますが（主体的），グループによる活動や作品をクラス全体で共有することにより（対話的），他者の個性を尊重する姿勢を育み，創作表現をさらに向上することをねらいとしています。

　第2時後半で提示した課題に生徒は1週間試行錯誤をすることになりますが，旋律に歌詞がうまく当てはまるよう，音の動きやリズムを変えたり，言葉の語数を変えたりするなど柔軟な発想が求められます。この探求は，「思考力，判断力，表現力等」に関わり，第3時，第4時の学習を経て「深い学び」に至ることになります。題材の時間配当をより多く設定することができれば，きめの細かい指導・助言が可能となり，より深い「充実感」や「達成感」を味わうことが期待できます（ワンポイント・アドバイス参照）。

主体的・対話的で深い学びのある音楽授業アイデア

7 活動の流れと指導のポイント

活動の流れ	指導のポイント
①全体および本時の活動の内容を説明する。	旋律を作り、あとから歌詞を当てることを説明する。
②4小節のコード進行を繰り返し提示する（譜例①AB）。	始めはベースのみ、その後ハーモニーを加えて数回繰り返して演奏する。

譜例①A

譜例①B

| ③旋律作りの要領を説明する。 | 4分の4拍子、使える音は全音階の音（派生音を含まない）とし、4分音符と8分音符を主体とすることを条件として提示する。 |
| ④キーボードなどの楽器を使用して、各自で自由に旋律を作り、ワークシートに記入する。必要に応じて教師や他の生徒が記譜の作業を援助する（譜例②）。 | 従前から「内容の取扱い」に示されているように、「即興的に音を出しながら音のつながり方を試すなど、音を音楽へと構成していく体験」を行うことになる。また、「理論に偏らないようにする」ことにも留意する。 |

第1時

譜例②

⑤楽器で演奏できるように練習する。	

	活動の流れ	指導のポイント
第2時	①3～4人のグループを編成し，各自が前時に作った旋律を提示する。	
	②相互に助言し合い，必要に応じて変更して各自が作った旋律を仕上げる。	受けた助言とともに，仕上げた旋律をワークシートに記入する。
	③旋律を組み合わせ，まとまりが感じられるように工夫して16小節の楽曲を作る（譜例③参照）。	二部形式に関する知識を生かすよう説明する。

譜例③

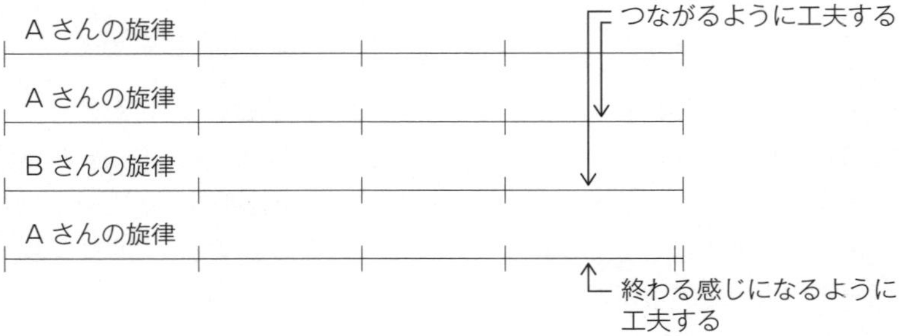

```
Aさんの旋律      ┌─つながるように工夫する
├───┼───┼───┼───┤ ↓
Aさんの旋律        ↓
├───┼───┼───┼───┤ ↓
Bさんの旋律        ↓
├───┼───┼───┼───┤
Aさんの旋律
├───┼───┼───┼───┤
                 └─終わる感じになるように
                    工夫する
```

配当時間を多く設定できる場合には，別のコード進行に基づく旋律（8小節）を加えてもよい（譜例④）。	

譜例④

④ベース，ハーモニー，旋律などの役割を決めて，③で作成した旋律を演奏できるよう練習する。	
⑤グループごとに作った曲を発表する。	他のグループの作品に対する感想をワークシートに記入する。
⑥次回の活動に向けた課題を提示する（自分が作った旋律に合う歌詞を当てはめて4小節のメロディーを作る）。	じっくりと創作活動に取り組めるように，課題として提示する。作品の記録が問題となるが，記譜のほか，タブレット端末に録音するといった方法も考えられる。なお，「旋律」と「メロディー」は同じ意味であるが，本事例では第2時⑥以降の活動で，旋律と歌詞が一体化したものを「メロディー」としている。

	活動の流れ	指導のポイント
第3時	①作った作品を数例紹介する。指導のポイント	まとまりが感じられる作品になるよう助言する。

第3章

②①の活動を参考にして，メロディーを修正し，ワークシートに記入する。	教師は適宜助言を行う。音の動きやリズムを変えたり，言葉の語数を変えたりするなど柔軟な発想を促す。（譜例⑤A及びB参照）進行状況に応じて，続く4小節のメロディーを作るよう指示してもよい。

譜例⑤A
そして　そして　きがつ　いたんだ　きみと　あえてよ　かーったとー

譜例⑤B
そして　そして　ぼくはきづーいたんだ　きみとであーえてーよ　かーったと　ー

	活動の流れ	指導のポイント
第4時	①各自が作ったメロディー（4小節，歌詞を伴う）を1例ずつディスプレイに表示する。	教師の範唱に引き続いて全員で歌唱するとよい。
	②旋律と歌詞の関わりについて考察し，感想を述べあう。	必要に応じて教師が説明を加えて，旋律と音の関わりや旋律のまとまりに関する理解を深める。
	③感想や助言に基づいて修正し，メロディーを完成させる。	感想や助言とともに完成させたメロディーをワークシートに記入する。
	④参考曲*を鑑賞する。	

＊参考曲　「抱きしめたい」Jungle Smile

主要部分（主メロ）とサビの部分は本教材と同じベースの動きに依っている（キーとコードは異なる）。

ワンポイント・アドバイス

　創作「リズムアンサンブル」の事例でも述べたように，創作分野の思考・判断の過程により多くの時間を充てることが望まれるため，第2時に引き続き，第3時の活動についても次週までの課題として，じっくりと取り組むようにすることも有効です。

　提示する課題や条件の提示について，本事例では4小節のコード進行を規定しています。先に旋律を作り，あとからハーモニーを当てるのは難しいため，本事例の方法は効率的であると考えています。その際，理論書で見られるような和声進行の標準的なカデンツに基づくと，型にはまったような感じの作品になりやすいと考え，ポップスで用いられている進行を参考にしました。第1小節と第3小節の第1拍が第1転回形となっているのも同様の理由によるもので，ベースラインを滑らかにする効果も生まれています。

　また，先に旋律を作り，あとから歌詞を当てることも本事例において工夫した点です。従前の旋律作りでは，歌詞のイントネーションや抑揚に合わせて旋律を作る事例が多くみられますが，これには相応の知識や技能が必要となります。

　生徒が聴く機会が多いポピュラー・ミュージックでは，Aメロ，Bメロ，サビによる構成に基づく楽曲が多くみられます。本事例と関連させて鑑賞や歌唱の題材を設定し，ポップスの曲の構成についての理解を深めれば，曲作りに対する興味を喚起したり，生活や社会の中の音楽や音楽文化との関わりについて考えたりする契機となり，さらには授業の活性化も期待できると考えています。

第3章

10 第3学年　鑑賞

能の特徴を理解して
そのよさを感じ取ろう

能「羽衣」

1 題材の目標

表現技能に着目して能を鑑賞し，その特徴を理解するとともに，そのよさを感じ取る。

2 学習指導要領との関連

B鑑賞
　ア（ア）曲や演奏に対する評価とその根拠
　イ（ア）曲想と音楽の構造との関わり
〔共通事項〕との関連
　音色，リズム，旋律，テクスチュアならびにそれら相互の関連

3 教材

能「羽衣」

4 学習のねらい

能の特徴に迫るためにその演奏技能に着目する。関連教材としてポップス曲を鑑賞し，卓抜した演奏技能に関心を向ける。同様に主教材の能を鑑賞し，やはり難易度の高い表現に着目する。さらに高度な能の技能，協同表現を理

解するために演奏体験を取り入れる。能に親しむ第一歩としたい。

5 指導の計画（全2時間）

第1時
　能の演奏技能に着目して鑑賞し，能の特徴を理解する。
第2時
　能のよさを感じ取り，自らにとっての能の価値を考える。

6 題材の評価規準
観点1：知識　観点2：思考力,判断力,表現力等　観点3：学びに向かう力,人間性等

観点3　演奏技能に関心をもち，能の特徴を理解する活動に意欲的に取り組んでいる。（第1時）
観点2　能のよさを感じ取り，自分にとってのその価値を考えている。（第2時）

7 主体的・対話的で深い学びをつくる授業づくりのポイント

　楽器の音色を知覚したり，演奏技能に着目して鑑賞することには，かなりの集中力が求められます（主体的）。能の学習においては生徒個々人では迫ることが難しい内容が多いことから，協同学習を活用して能の特徴，よさ，価値に迫ることが期待できます（対話的）。

8 活動の流れと指導のポイント

　第1時　能の演奏技能に着目して鑑賞し，能の特徴を理解する。

第3章

	教師の発問	想定している生徒の反応	・教師の行為や指導 ♪ 音源操作 板 板書 ◎指導のポイント
第1時	これから何曲か音楽を聴きます。 それぞれ，どんな音が聴こえてくるかな？ あとで教えてください。		♪教育芸術社CDの場合 A「我がマッツラインスドルフ」(ツィター) B「マンボNo.5」(ラテン打楽器　声合いの手) C「Smoke on the Water」(エレキギター，ドラムス，ヴォーカル) ♪教育出版社CDの場合 A「グリーン・スリーブス」(リュート) B「禁じられた遊び」(ギター，オーケストラ) C「レイラ」(エレキギター，ドラムス，ヴォーカル，コーラス) ◎（　）はそれぞれ生徒が知覚可能と思われる音色　以下同様
	聴いた音楽のなかで，これは凄いことやっている！　名人芸だと思うのはどれかな？ もう一度，少しずつ聴きます。		・名人芸と思うものを挙げ，その理由を説明する。 ♪名人芸と思う楽曲として挙がったもの ・もう一度聴いて，要素との関わりを確かめる。
	もう1曲用意しています。やはり，どんな音が聴こえてくるかな？ あとで教えてください。		♪D「羽衣」の「キリ」より「東遊びの数々に…」の冒頭部分（笛，太鼓，小鼓，大鼓，かけ声，歌？）

もう一度，聴きます。これは凄いことやっている！ 名人芸と思うところがあったらサインを。		♪名人と思うそれぞれをもう一度聴いて確かめる ・名人芸と思うものを挙げ，その理由を説明する。
これらの音で何を表していると思う？ 選択肢を挙げてみました。		・黒板に掲示する。 ①大きな寺院での読経 ②祭囃子 ③物語
では演奏場面を見てみましょう。	物語かな？	♪DVD
どうして？	何かを演じているから。	
そうです。物語です。		
聴いているだけでわからなかったことは何ですか？	お面を被っている人が踊っていた。 演奏の様子がわかった。	
		・教師による「羽衣」のストーリーの簡単な解説，及び四拍子　謡　踊り（舞）について映像から確認する。 ◎教科書は開かない。
もう少し長く見ましょう。皆さんが注目した踊りです。どのように動いているのか注意してみましょう。	足をすっている。 滑らかに動いている。	♪
能では踊りとは呼ばず「舞」といいます。また，お面は「おもて」と呼びます。		

演奏の真似の手順 ①謡と太鼓，大鼓，小鼓のそれぞれの奏法の真似の仕方を決めて練習する。 ②正確さを求めずに，それぞれが演奏するタイミングを練習する。 ③自分が好きなものを選んで，謡（これだけは教師でもよい）に合わせながら合奏する。 ④役割を交代しながら何度か演奏に挑戦する。		・演奏の真似をして，高度な演奏表現を伴う総合芸術であることを体験させる。 ◎①は，奏法の真似，いわゆる「エアー（太鼓，大鼓，小鼓）」ということになるが，これについては，映像から確認できることを頼りに生徒たち自らが考える。
練習してもなかなかできませんね！ 先ほどは，これが名人芸！と一つひとつ挙げましたが，実は合わせることも難しいわけですね。	難しい！	

第2時 能のよさを感じ取り，自らにとっての能の価値を考える。

	教師の発問	想定している生徒の反応	・教師の行為や指導 ♪ 音源操作　板 板書 ◎指導のポイント
第2時	皆さん，演奏の難しさがよくわかったようです。どのように合わせているのかな。能では西洋音楽の合奏ではよくいる存在がいません。映像をもう一度見ます。	指揮者！	♪ ◎映像を見ている間，個々人がメモをとり，鑑賞後にグループで意見交換を行う。発表内容をまとめる。
	そうです。指揮者もいないなかで，皆さんが「難しい！」と嘆いた演奏と舞とを調和させています。		

もうひとつ，先ほどの皆さんの演奏にはなかった音があるはずです（黒板に最初に記されていたらそれを指差すのでよい）。もう一度，短く鑑賞します。	かけ声！	♪ ・映像を見ている間，個々人がメモをとり，鑑賞後にグループで意見交換を行う。発表内容をまとめる。
そうです。これらのことがわかったうえで，もう一度，先の場面を見ましょう。そして，この演奏表現のすごいところ，改めて名人芸だと思うところをよく見ておきましょう。		♪ ・鑑賞中のメモを個々人でまとめる。その後のグループ活動で内容を交換する。発表内容を考え発表する。 ◎可能な範囲で発言内容について音楽を聴くことで確かめる。
教科書を開きましょう。これまでに学習してきたことが確認できるのと，新しく学べることがいくつかあります。 次に，もう一度鑑賞するときに，このことを知っていると聴き方が変わる？と思うことをグループで決めて発表してください。		・個々人が教科書の中から，この後の能の鑑賞に必要と思う内容を探してメモをとるよう伝える。グループになり，お互いに考えを交換し，発表内容を考えるよう助言。 ・発表を共有しながら，この後にふまえる鑑賞の視点を生徒たちで決めていく。
ではもう一度，改めて長めに鑑賞します。そのあとに「自分にとっての能」というテーマで簡単に発表してください。メモをとりながら聴いてもよいですよ。		♪ ・鑑賞後に「自分にとっての能」をグループ内で発表し，交換するよう助言。

		自分たちのグループでは○○という思いや，△△という思いも出ましたが，最終的に◇◇ということにまとめました。	・意見交換の後，グループ単位で発表する内容を決めるよう助言。 ◎発表内容に至った過程をまじえさせるようにする。 ・グループごとの発表を受けて，個々人が改めて気づいた点，気になった点などをまとめさせる。 ◎可能な範囲で発表内容について音楽を聴くことで確かめる。
	もう一度，鑑賞します。最後です。今の発表を受けて，自分が参考にする内容（や聴き方）を決めてください。改めて個々人「自分にとっての能」に向き合ってみましょう。聴いた後に，その思いをまとめます。メモを取りながら聴いても構いません。		♪ ・鑑賞後，「自分にとっての能」について批評文に表す。先ほどの「自分にとっての能」と変わった点があるとしたら，それはどうしてなのか。変わらずとも，それはやはりどうしてなのかなどもまじえ，自らにとっての能を表す言葉を考えるよう助言する。 ◎可能な範囲で発表し，音楽を聴いて共有する。

【著者紹介】

加藤　徹也（かとう　てつや）
東京都生まれ。東京芸術大学作曲科卒業。放送大学大学院文化科学研究科修了。東京都立高校教員，文部科学省主任教科書調査官を経て，現在，武蔵野音楽大学音楽総合学科教授。東京芸術大学非常勤講師。趣味は旅行。著書に『先生のための楽典入門』（スタイルノート社）がある。

〈執筆頁〉
1章⑨，⑩，⑫，⑬　2章〈知〉①，⑥　3章①，②，④，⑥，⑧，⑨

山﨑　正彦（やまざき　まさひこ）
長野県出身。小・中・高等学校の教員を経て，現在，武蔵野音楽大学音楽総合学科専任講師，東邦音楽大学（教職実践専攻）非常勤講師。その他，全国各地において主に鑑賞指導に関する講演を行ってきている。主な著書として『金賞よりも大切なこと』『吹奏楽の神様　屋比久勲を見つめて』『見つけよう・音楽の聴き方聴かせ方』（スタイルノート社）。

〈執筆頁〉
1章①～⑧，⑪，⑫，⑭～⑰　2章〈知〉②～⑤，⑦，〈思〉①～⑤　3章③，⑤，⑦，⑩

中学校　新学習指導要領　音楽の授業づくり

2018年7月初版第1刷刊
2021年11月初版第5刷刊
Ⓒ著　者　加　藤　徹　也
　　　　　山　﨑　正　彦
発行者　藤　原　光　政
発行所　明治図書出版株式会社
　　　　http://www.meijitosho.co.jp
（企画）木村　悠　（校正）奥野仁美
〒114-0023　東京都北区滝野川7-46-1
振替00160-5-151318　電話03(5907)6702
　　　　　　　　　ご注文窓口　電話03(5907)6668

＊検印省略

組版所　株式会社アイデスク

本書の無断コピーは，著作権・出版権にふれます。ご注意ください。

Printed in Japan
JASRAC 出 1805405-105

ISBN978-4-18-286917-4

もれなくクーポンがもらえる！読者アンケートはこちらから→

大改訂された学習指導要領本文の徹底解説と豊富な授業例

平成29年版 小学校 新学習指導要領の展開 音楽編

宮﨑新悟・志民一成 編著

図書番号 3283
A5判・176頁・1,800円＋税

改訂に携わった著者等による新学習指導要領の各項目に対応した厚く、深い解説と、新学習指導要領の趣旨に沿った豊富な授業プラン・授業改善例を収録。圧倒的なボリュームで、校内研修から研究授業まで、この1冊で完全サポート。学習指導要領本文を巻末に収録。

平成29年版 中学校 新学習指導要領の展開 音楽編

副島和久 編著

図書番号 3345
A5判・176頁・1,800円＋税

明治図書　携帯・スマートフォンからは **明治図書ONLINEへ** 書籍の検索、注文ができます。　▶▶▶

http://www.meijitosho.co.jp　＊併記4桁の図書番号（英数字）でHP、携帯での検索・注文が簡単に行えます。
〒114-0023　東京都北区滝野川7-46-1　ご注文窓口　TEL 03-5907-6668　FAX 050-3156-2790

＊価格は全て本体価格表示です。